苏州音乐家研究

SUZHOU YINYUEJIA YANJIU

吴 磊 主编

苏州大学出版社
Soochow University Press

图书在版编目（CIP）数据

苏州音乐家研究 / 吴磊主编. -- 苏州：苏州大学出版社，2020.10
 ISBN 978-7-5672-3155-9

Ⅰ.①苏… Ⅱ.①吴… Ⅲ.①音乐家—生平事迹—苏州—近现代 Ⅳ.①K825.76

中国版本图书馆CIP数据核字（2020）第199649号

书　　名：	苏州音乐家研究
主　　编：	吴　磊
责任编辑：	洪少华
助理编辑：	刘　冉
装帧设计：	吴　钰
出 版 人：	盛惠良
出版发行：	苏州大学出版社（Soochow University Press）
社　　址：	苏州市十梓街1号　邮编：215006
网　　址：	www.sudapress.com
E－mail：	sdcbs@suda.edu.cn
印　　刷：	镇江文苑制版印刷有限责任公司
邮购热线：	0512-67480030　　销售热线：0512-65225020
网店地址：	https://szdxcbs.tmall.com/（天猫旗舰店）
开　　本：	700 mm×1 000 mm　1/16　印张：12.75　字数：208千
版　　次：	2020年10月第1版
印　　次：	2020年10月第1次印刷
书　　号：	ISBN 978-7-5672-3155-9
定　　价：	50.00元

凡购本社图书发现印装错误，请与本社联系调换。
服务热线：0512-67481020

目　录

一、钱仁康生平和音乐创作研究

回顾钱仁康先生20世纪40年代末在苏州大学的执教 …………… 田　飞 003
词曲灵犀　悲喜丛生
　　——从《蝶恋花》两稿乐谱对比中看钱仁康先生的歌曲创作 …… 王　琛 013

二、汪毓和生平和学术成果研究

我记忆中汪毓和最后几年的教学、学术与生活
　　——纪念汪毓和先生诞辰90周年 ………………………… 李　俊 027
汪毓和先生生平补遗以及青年时期在苏州的音乐活动 ………… 田　飞 040
汪毓和音乐史学中运用唯物史观的理论与实践研究 …………… 程兴旺 057
对高职院校中国近现代音乐史教学的探索
　　——由汪毓和先生编写教材《中国近现代音乐史》的
　　　出版引发的思考 …………………………………………… 薛彦景 073
授业三年　教诲终身
　　——记导师汪毓和先生 …………………………………… 游红彬 079

三、刘雪庵抗战时期音乐创作和生平研究

刘雪庵歌曲创作特质再探 …………………………………… 王　征 087
刘雪庵抗战时期音乐创作研究 …………………………………… 刘云燕 097
刘雪庵音乐创作理念研究 …………………………………… 于　峰 117
抗战歌曲的历史解读与当代诠释
　　——刘雪庵抗战歌曲综览 …………………………………… 郑婉纯 128

四、以金砂《江姐》为代表的民族歌剧创作和作曲家研究

板腔体咏叹调写作的典范
　　——以民族歌剧《江姐》为例 …………………………………… 钱庆利 147

五、以应尚能为代表的中国近现代声乐教育家研究

应尚能的声乐实践及对我国声乐艺术发展的影响 …………………… 刘大巍 165
应尚能歌曲创作及其声乐演唱理论与实践研究 …………………… 徐　潜 182
应尚能的音乐实践与理论探索研究 …………………………………… 张红霞 191

一、钱仁康生平和音乐创作研究

回顾钱仁康先生20世纪40年代末在苏州大学的执教

田 飞

(苏州大学 江苏 苏州 215400)

钱仁康先生是中国现当代著名音乐理论家、史学家,也是中国第一位音乐学博士生导师。1994年钱仁康先生诞辰80周年之际,上海音乐学院举办了钱仁康先生学术成果展以及相关学术活动,笔者作为音乐学系二年级的学生,很荣幸参与了钱亦平教授主持的钱仁康先生资料的整理、布展工作。那时音乐学系的办公室还在近淮海路的一幢古色古香的小洋楼里,在老式略显局促的办公室里,办公桌上、古旧钢琴上和书橱上临时堆放着钱先生大批手稿、曲谱和书著,部分资料已经泛黄。在钱亦平老师的指导下同学们进行有序地分类,整理工作持续了相当长的时间,直到资料在图书馆的7楼正式展出。来自全国各地的著名音乐家、学者、学校代表络绎不绝,初出茅庐的我非常惊讶先生有如此之多的学术成果,后来随着学习和工作的积累,才真正认识到钱仁康先生的治学之道、成果之丰硕和对中国音乐学的贡献。

十分荣幸的是毕业后我来到了钱仁康先生曾经执教的苏州大学工作。钱仁康先生曾经于1947年9月至1950年1月期间在苏州国立社会教育学院(后面简称为"国立社教学院")工作,后又于1952年在江苏师范学院(成立于东吴大学旧址)工作,两校都是今天苏州大学的前身。可以说苏州大学也留下了钱仁康先生音乐教学和研究的足迹。笔者查阅了正式出版及发行的钱仁康先生的履历，它们都提及先生的这一段执教经历，但都没有进一步说明，为此笔者查阅相关档案，拜访了几位先生的学生，尝试揭开这一段鲜为人知的历史的面纱。

苏州大学是由多所学校合并而成，其中主要的前身是1900年美国基督教监理会创办的东吴大学，1949年后经历多次院校、院系大调整，形成了今天的苏州大学。苏州大学有着悠久的音乐传统，教会背景的东吴大学十分重视音乐的渗透，中外教员定期举办音乐活动，甚至还有学生民乐社团、管乐队、昆曲社团；我国第一代女高音歌唱家黄友葵就是东吴大学20世纪30年代生物系的学生，她被当时的校长杨永清点名送到美国学习；赵宋光先生曾经在东吴大学附中读书；20世纪40年代的国立社教学院建立的艺术教育系音乐组标志着苏州大学音乐学科的真正建立；1952年8月建立的江苏师范学院艺术系包括了音乐和美术组，但时间不到一年艺术系就整体与上海华东师范大学音乐系合并了。国立社教学院时期应该说是苏州大学音乐学科早期发展最稳定、成果最显著的一段时期。

一、钱仁康先生与苏州国立社会教育学院

被列入《世界文化遗产名录》的中国园林之经典拙政园历来就以它清新雅致的景色成为国内外游客的首选，很难想象，它在1946年7月至1950年2月间曾被国立社教学院作为临时的校舍征用，所以当时的社教学院被誉为"园林学府"，钱仁康先生在这里执教了三年的时间。

国立社教学院原是1941年8月在重庆后方成立的一所成人教育高等学府，由当时民国教育部部长陈立夫牵头，委派美国留学归国的心理学家、社会教育家陈礼江筹建，他时任社会教育司司长，相当重视艺术教育学科的建立，尤其是音乐学科。他力主创办过重庆国立音乐院，"在后方，音乐人才至感缺乏，我们不能对培训音乐人才再忽略了。我们在青木关设立了国立音乐院，招收初中毕业或有音乐天才的儿童入学。学五年毕业"[①]。国立社会教育学院创办之初就设立了艺术教育系，分为音乐、戏剧和美术三组，还强调"音乐、戏剧、美术三组在中国尤其缺乏专门人才，要发展它们非有人才不可"[②]。

---

① 苏州大学社会教育学院北京、上海、南京、苏州校友会.峥嵘岁月(第3集)[M].内部资料,1991:9.
② 苏州大学社会教育学院北京、上海、南京、苏州校友会.峥嵘岁月(第3集)[M].内部资料,1991:11.

1945年抗战胜利,重庆的许多院校纷纷内迁,国立社教学院也不例外,本来准备直接迁回南京,"因经费困难,短时间内校舍难以建成,1946年9月部分迁到苏州拙政园,1948年冬,又将南京栖霞山新生部的一年级学生也一并迁至苏州拙政园,除了已经借用的拙政园中部外,西部张家的补园也全部借来使用,全院师生汇聚苏城"①。

国立社教学院的办学方针,以及师资配备和课程设计在今天看来都是相当完整和科学的,学校曾经名师荟萃,其中不乏现当代史上的名家,如"顾颉刚先生那时正在苏州家中居住,应聘来院中开设《中国古代社会史》,讲课深入浅出……曹聚仁曾在拙政园、网师园居住,讲授《新闻采访和写作》……","戏剧组的向培良、吴仞之、董每戡为我国戏剧界的前辈,美术组的教授吕凤子是国画大师,乌叔养是著名的油画家"②等。而艺术教育系音乐组也汇聚了一批名家,有曾留学美国的声乐家孙静录、应尚能和梅经香,著名作曲家刘雪庵和张定和,音乐理论家钱仁康,声乐教育家谢绍曾、杨树声、卜瑜华和张清泉夫妇,钢琴教育家洪达琦、章道尊,二胡教育家陆修棠和黎松寿等。迁来苏州后师资曾遇到困难,校长陈礼江有这样的描述,"在四川时因战乱逃到后方的人多,我们比较容易聘请教员。日本投降后,北方来的教员多已回去,我们要聘请一些来接替,幸好学校毗邻上海,此事终于解决了"③。借毗邻上海的优势广纳贤才,就这样,之前一同在北平师范学院任教的钱仁康先生和苏州籍作曲家张定和先生,前来苏州入职,他们组成了现当代历史上少见的优秀音乐家教学团队,共同见证了苏州大学早期音乐学科的建立和发展。

音乐组的专业课程设置齐全,包括必修课十二门:视唱、练耳、乐理、对位、音乐史、声乐、键盘乐器、欣赏、和声学、曲体与作曲、指挥法、合唱课;其他必修课程六门,包括艺术概论、美学、艺术史、诗选、文艺概论、毕业论文。兼顾了音乐理论与实践,以及跨学科的国学和文艺理论等④,学制为三年,因属于公立学校故不用交学费。

---

① 周建屏,王国平.苏州大学校史研究文选[M].苏州:苏州大学出版社,2008:10.
② 穆家珩.峥嵘岁月(第4集)[M].内部资料,2005:8.
③ 苏州大学社会教育学院北京、上海、南京、苏州校友会.峥嵘岁月(第3集)[M].内部资料,1991:12.
④ 国立社会教育学院院长室.国立社会教育学院概况[M].内部资料,1948:页码不详.

20世纪50年代全国院系调整,国立社教学院于1950年2月结束在拙政园的教学迁往无锡,与原江苏省立教育学院(公立文化教育学院)和无锡国学专修学校(中国文学院)合并,改称为苏南文化教育学院,钱仁康先生随校迁往;1952年重新成立江苏师范学院(于东吴大学老校址),并设立艺术系包括音乐和美术组,刘雪庵、钱仁康和沈天真夫妇、杨树声和章雅夫妇、张清泉和卜瑜华夫妇、黎松寿和章道尊、胡汪菲(小提琴)和李华瑛等曾在此执教,1953年最终艺术系整体合并到上海华东师范大学。

二、档案追溯

迄今为止在苏州大学的档案馆里还保留着钱仁康先生的两份珍贵档案,一份是《国立社会教育学院概况次目——现任职员》,另一份是附有钱先生手迹的档案《苏南文化教育学院教师及职员登记表》(1950年1月填写)。

前一份档案提供了钱先生来到苏州国立社教学院早期的基本情况,当时"钱仁康,副教授,35岁",毕业于"国立音乐专科学校","曾任国立音乐专科学校教员、国立北平师范学院副教授","民国三十六年(1947年)"来到学院任职。

第二份有比较详细的填表栏目,介绍了钱仁康先生在国立社教学院教授的主要课程、每周课时量、创作和研究等,以及工作和创作细节,弥足珍贵。他当时主要承担音乐理论课的教学,"担任的课程:乐理、器乐","每周授课时数:10课时","可担任的课程:音乐理论及作曲方面的课程"。据学生回忆,曾经听过钱仁康老师的和声、作曲、视唱练耳、音乐鉴赏等课程。钱先生当时是中国成立最早、最知名的音乐学院的高才生,"毕业学校:国立音乐专科学校;系科:理论作曲;修业年限:七年"。除了国立社教学院的教学工作之外,他还在音乐教学研究、翻译和创作领域,耕耘不断,出版大量成果。"通晓何国文字:英文","有何特长:理论作曲"一栏,详细地介绍了他当时的部分研究成果,尤其在"有何译著及现在从事译著工作"一栏中填有:

1.《乐理与作曲》(Theory and Composition of Music, Orem 原著, Theadole Pneasel Co. 出版),1936年上海中华书局出版;

2.《星》(独唱歌曲),1948年上海音乐教育协进会出版;

3.《骸骨舞曲》(独唱歌曲),1949年上海音乐教育协进会出版。

"现在之从事之研究工作:现正著述'论五声音阶体系的音乐'一书(约12万言),预计一个月后完成。"

这份材料引出了钱仁康先生在苏州执教时期的部分成果。据统计他仅仅在1947—1949年发表和出版的成果就有55篇或部①,包括16篇或部针对学校教育发表的著作和文章;1949年以笔名"心仪"在《音乐评论》第37至42期中连续发表系列音乐理论普及性文章6篇和音乐评论文章9篇,评论文章几乎每月都有,有的月份达2至3篇;译著和译文有6篇或部。音乐创作以声乐作品为主,包括4部合唱作品和12首独唱作品,大多是针对学校音乐教育的作品,均发表于上海音乐教育协进会出版的《中学歌集》和《小学音乐教材》,充分体现了他对中小学音乐创作的重视,这与他在国立社教学院指导学生创作是一脉相承的。

档案中特别提到了《星》和《骸骨舞曲》两套歌曲集。歌曲集《星》(朱芳春词),包含《春雨》《星》《静》《来日旧话重提时》四首由上海音乐教育协进会出版,国立社教学院艺教系主任应尚能先生为该曲集作了序言"本集中所收的四首歌曲,都具有淳朴的民歌风。其中除了第三首《静》外,曲调都用五声音阶做成。第一首《春雨》,连伴奏也用五声音阶的和声。但因为这些歌曲都利用特殊的'音型'作为节奏的基础,所以能一气呵成,听来毫无松懈散漫之感。作者能用最经济的手腕,表出深刻的感情,是十分可喜的现象"②。歌曲集《骸骨舞曲》(龙七词),包括《是这笔杆儿误了我》《骸骨舞曲》《春潮曲》《沧浪吟》《小夜曲》《洞庭樵唱》《山鸡救林火》七首歌曲,由上海音乐教育协进会出版,后由上海音乐公司重版,改名为《春潮曲》。

钱仁康先生在两年的时间内就累积了音乐教育、音乐评论、音乐创作以及音乐文献和翻译等方向和领域的丰硕成果,令人叹为观止,这与钱仁康先生在国立社教学院的理论教学和指导是有密切联系的,与国立社教学院在社会中普

---

① 钱亦平.钱仁康教授学术成果目录[J].音乐艺术,2004(2):12-31.
② 向延生.中国近现代音乐家传(第二卷)[M].沈阳:春风文艺出版社,1994:457.

及文化教育之音乐教育的目标是一致的,这也成为研究他学术思想不可或缺的一部分。

2010年苏州大学一百一十周年校庆之时笔者还发现了一张钱仁康先生的珍贵照片①,照片的内容是:1953年全国院系调整,江苏师范学院艺术系即将并入华东师范大学之前,钱仁康先生与部分师生在苏州大学十梓街老校门的留影,再现了钱仁康先生在苏州大学执教的风貌。

三、执教回顾

钱仁康先生在苏州国立社教学院艺术教育系音乐组执教的3年时间里曾经教授的艺术教育系音乐组部分学生有:

1946年入学:钟爱善(后考入北京大学化学系)、杨人素(女,后改名翟晓霞)、胡登跳、吴国均、邢逸庆、裴梵、章季修、华宣圭、王进德、杨继陶

1947年入学:李锡焕、王之倩(女)、朱乃德、夏锡生、梁雪枝(女)、张华寅、单尔馨(女)、刘丽娜(女)

1948年秋入学:李华瑛(先考入国语专修科,后转入音乐组学习)

1949年入学:宋承宪、陈瑟(女)、钟文芳(女)、陆蔚君(女)、潘毓秀(女)、王中甲(女)、赵升书、童永良、蒋学书(班长)、徐诚旅、吴宏达

戴树屏、鞠秀芳(旁听生,后在无锡苏南文教学院成为正式学生)②

除了音乐组的专业课程外,还兼上其他系的选修课,如原新闻系的学生穆家珩在《国立社会教育学院新闻系史料》之《办系主旨及课程设置》中,介绍新闻系开设的25门选修课中有"音乐鉴赏",他还"曾旁听过钱仁康先生讲音乐欣赏"③。1949年就读国立社教学院国语专修科的李华瑛④也曾经听过钱先生的课。

---

① 照片由苏州大学艺术学院办公室提供。
② 以上名单来自苏州大学档案馆和口述资料。
③ 穆家珩.峥嵘岁月(第4集)[M].内部资料,2005:133.
④ 苏州大学前国立社会教育学院苏州校友会."社教人"在苏州[M].香港:天马出版有限公司,2009:296.

部分学生后来成为中国音乐界的名家,包括上海音乐学院民族音乐理论作曲系主任胡登跳教授,上海音乐学院附中校长吴国均,上海音乐学院声乐系的声乐教师鞠秀芳、视唱练耳老师单尔馨、上海音乐家协会的杨继陶,天津音乐学院钢琴系的王进德教授,中国音乐学院的副院长李华瑛和翟晓霞,中央民族大学声乐系教授宋承宪、南京艺术学院的二胡教授徐诚旎、中央广播艺术团的陈瑟,以及长期在基层从事中、小学音乐教育及文艺工作的潘毓秀校长、夏锡生、李锡焕、陆蔚君、王中甲老师等。

时光荏苒,国立社教学院的历史已经过去了近70年,部分学生已仙逝,尚健在的都已年近90,曾经20多岁的青年学子现在都已是耄耋老人。但是,每当说起在国立社教学院的学习和生活,他们都充满了感情,仿佛又回到了那个峥嵘岁月。笔者采访了其中几位学生,包括潘毓秀、夏锡声、胥公义、李锡焕、王进德、李华瑛老师,还随潘毓秀和胥公义①二位老人故地重游了拙政园,听他们实地介绍过去钱仁康先生在"海棠春坞"上课的情景,教室黑板、座位的布局,12位同学上课的位置,过去点灯练琴和练声的四间琴房——"梧竹幽居""绿漪亭""绣漪亭""待霜亭"的位置,以及男女生宿舍的原址和曾经演出排练的舞台场地等,与他们一道重温了过去的学习岁月。

采访中老人们每当提及钱仁康先生,总是强调钱老师为人真诚、和善,给同学们印象深刻的是他"上课很认真""没有脾气""做学问严谨"以及知识渊博;教学严谨、善于启发学生,创作儿歌或配置和声"要根据小孩子的(特点)轻轻的、柔柔的,节奏不能太激烈,(要)根据小孩子的(个性)来匹配"。

潘毓秀老师原是苏州实验小学校长、特级教师,据她介绍,1949年她和陆蔚君、王中甲、陈瑟三位最要好的女同学刚从苏州女子师范学校毕业,知晓国立社教学院正招收音乐生,还有多位名师执教,就报考了艺术教育系的音乐组,并顺利被录取。"当时公开招生的时候都写了有几位导师,如刘雪庵、钱仁康,我们在苏州女子师范学校学习的时候刘明义老师就教过钱仁康老师创作的很多歌曲,我们认为到国立社教学院跟钱仁康老师学习是很好的,我们一定要去学,

---

① 艺术教育系戏剧组的学生,戏剧组学生经常与音乐组共同参加演出活动,包括较大型的音乐活动,1949年年末准备转入音乐组学习。

学了以后要自己写一写儿童歌曲,和儿童歌舞剧等,像黎锦晖的儿童歌舞剧。那时小孩子(的歌曲)太贫乏了,有时候都是唱电影里面的歌曲,小孩子不适合的,恰巧我们几个要好(的朋友)就说一起去考吧","钱仁康老师他教我们和声和作曲,我们很喜欢听他的课,我们(想)要作小朋友的歌,那么就听他讲怎么搭配,要根据小朋友的动作,作曲不能像部队的歌曲,要根据小孩子的(特点)轻轻的、柔柔的,而且节奏不能太激烈,要根据小孩子的(个性)匹配,蛮有劲的","钱老师当时给我们上课的地方是中部的'海棠春坞',有几排位置","有时候他让我们试写歌词,(再让)我们作曲,写了后要一个个指导,我们要一直等,喜欢上他的课,要上钱老师的课了,老早就等着了,他来了以后我们都一本正经",陈述这些时,潘老师仿佛流露出20岁小姑娘调皮的表情。

还有印象很深的是"钱仁康老师五线谱在黑板上画得很快,一般一个星期来两天,上午上课,下午返回上海,教和声(时),旋律配上二到四个声部,……记得(一次)在上和声课时,用钱老师找的歌曲《小树苗快快长》来配四声部和声,他启发冬天是怎样,春天是怎么样,加以引导和提示,而且让我们全班同学分声部将自己配的四声部和声,合起来演唱,老师还要打分的,半年考试一次","我印象(中)当时钱老师大概五十几岁(实为35岁),看上去跟我们(年龄)距离很大,我们那个时候感到他不严肃,跟我们蛮亲切的,从来不像声乐老师要批评我们的,从来没有"。①

苏州文联的退休干部夏锡生,天津音乐学院的钢琴教授王进德,原丹阳师范学院的校长、《青春》杂志的创办人李锡焕先生都提到钱仁康先生教男生的视唱练耳课。夏锡生老师说"钱仁康是我老师,他教我们视唱练耳","视唱练耳一个星期二三堂课","用的(视唱)教材是意大利的《solfege》","上视唱就是这几条,给一个音,然后打拍子唱,有时候钢琴(伴奏),每个人都要听并考试","唱到两个调号左右,大小调,按教材来的,一个个调号加进来的,自己打拍子自己视唱,这样子训练"。夏锡生先生还提到"上次布置的作业,唱给他听,不批评的,很客气的,钱仁康老师没有脾气的,老好人,非常认真,教学风格就是认

---

① 根据潘毓秀老师的采访口述资料整理。

真。(当时)没有简谱的,都是五线谱,国立社教学院用的都是五线谱,简谱碰都不碰,都是固定音高唱法","视唱练耳课考试是给5首歌曲,自选一首,老师抽一首考试"。

　　李华瑛老师曾是苏州第一任广播电台播音员、原中国音乐学院副院长,也是钱仁康先生的老同事,她介绍:她是在武汉考点参加了国立社教学院的考试,于1948年考入国立社教学院的国语专修科,后来在张华寅同学的引荐下认识了音乐组的刘雪庵先生,并请求跟应尚能老师学习声乐,得到各位老师的同意。当时国语专修科的课程不多,所以她一直在音乐组听课学习。她在回忆中常提到与钱仁康先生的"缘分",从国立社教学院他的学生,再到江苏师范学院、华东师范大学音乐系的同事,他们曾相处很长一段时间,她强调钱仁康老师完全是一个做学问的人,和应尚能一样,李华瑛听过钱仁康先生的和声课,当时他还教视唱练耳与和声课。①

　　交谈中老人们仿佛又回到了20多岁的青春时光,回顾了20世纪40年代末在国立社教学院学习的经历和细节,虽然当时正处于战争时期,社会比较动荡,但是老师们都认真敬业,钱仁康先生为人谦和的品格、上课严谨的态度也在和他们的交谈中被一笔笔勾画出来,栩栩如生地展现在我们眼前。

四、结　语

　　20世纪40年代中后期是中国社会经历转折的关键时期,抗日战争取得胜利,当时苏州的一切都在百废待兴中,教育也不例外。国立社会教育学院历经重庆迁徙、苏州重建,成为国人创办的苏州乃至全国唯一的面向社会的成人教育的高等学府。艺术教育系音乐组的开办,可以说名师济济,青年学子如沐春风,"处处花丛、弦歌不绝"。外面战火纷飞,拙政园里却是一派生机盎然,恰似世外桃源。钱仁康先生从北京辗转来苏州执教,及时地填补和加强了音乐学科的师资力量。当时正是他人生精力最好的时期,每周完成大量的教学工作的同时还耕耘不止,为中国社会成人教育的发展,和中华人民共和国成立后音乐师资人才的培养做出了杰出的贡献,这一时期也是苏州大学音乐学科的一段辉煌

---

① 根据李华瑛老师的采访口述资料整理。

历史。

笔者在采访中印象最深的是钱先生谦虚的为人和严谨的教学态度，这些已经内化在他的一言一行当中，铸造了他的人格魅力；在教学和创作上他不是闭门造车，而是因材施教，引导学生根据儿童的心理特点来进行创作，这都是今天从事音乐教育工作的专业人士不可或缺的品格和素质。

词曲灵犀　悲喜丛生
——从《蝶恋花》两稿乐谱对比中看钱仁康先生的歌曲创作

王 琛

（上海音乐学院　上海　200031）

摘　要：

钱仁康先生作为中国音乐学界的学术泰斗级人物，相较其浩如烟海的理论著述，在歌曲创作领域方面的成果及影响也不容忽视。在目前尚未出版的《钱仁康歌曲集》中，收录了先生从1931年到1994年间创作的歌曲，这些取材丰富、内容多样的歌曲，充分地展现了钱仁康先生扎实的创作功底。其中值得注意的是，为苏轼的《蝶恋花》所作的歌曲保留有两稿乐谱，是研究钱仁康先生歌曲创作思考过程的珍贵资料。本文试图通过对两个版本的曲谱进行对比，从诗词解读、歌曲创作特征以及乐谱版本的辨析中，一窥其在这首歌曲创作上思路的变化，并进一步为我们的学习提供借鉴意义。

关键词：

钱仁康　艺术歌曲　苏轼　蝶恋花　曲谱比较

一直以来，学贯中西的钱仁康先生，都以其音乐理论而闻名于音乐学界，其浩如烟海、种类繁多的学术成果，正在不断深远地影响着一代又一代的音乐学者。作为中国音乐学界学术泰斗级的人物，钱仁康先生在音乐创作方面即作曲家这一身份方面，也应当引起我们的重视。

钱亦平[①]教授收集了钱仁康先生在不同时期所创作的55首[②]声乐作品(表1《钱仁康歌曲集》目录一览表),并于1995年将这些作品集结在《钱仁康歌曲集》中。这些歌曲的创作时间跨越了1931年到1994年,对比钱亦平教授在《钱仁康主要学术成果目录》中的梳理,钱仁康先生最早的著作为1947年由上海音乐教育协进会出版的《中学音乐教材》,最早参与主编修订等工作的图书是1980年2月由上海辞书出版社出版的第一版《辞海艺术分册》,最早的报刊文摘发文为1939年6月国立音专校刊《林钟》上发表的《释印象主义音乐》,最早的译著则为1936年12月由中华书局出版的《乐理与作曲》⋯⋯从其各方面学术成果的最早发表时间可见,自钱仁康先生1930年入无锡师范学校开始研习钢琴、和声及作曲以来,便很早就将歌曲创作这一领域纳入自己的整个学术生涯之中,其在音乐创作方面探索的时间并不晚于理论研究。

在这本曲集所收录的作品中,除了个别作品之外,大部分都是从未公开发表过的作品。这些作品在选词上,除了钱仁康本人的词作品以及未记载作者的词作品外,其他大多出自贯穿古今的名家之手,如苏轼、刘大白、龙七、艾青、毛泽东等。诗词内容从写景到抒情,由个人到国家,取材丰富,在宏观与微观上从不同维度多方面地深化了多层次的情感表达。在音乐的形式上,有独唱、合唱等,充分地运用了声乐作品的表现形式。在内容与形式的结合上,不仅多样的形式与其所表达的内容相互呼应,并且将西方作曲技法和中文语言独有的韵律声调相结合,旋律与伴奏写法考究,韵律和旋律始终紧密地结合在一起,既表现出了中国的文字之美,又充分融合西方歌曲演唱技法与钢琴伴奏,营造出诗意的氛围。

本文之所以从曲集中选择为苏轼《蝶恋花》一词所作的这首歌曲,主要原因有二:一是因为就目前为止,为这首词所作曲的声乐作品,仅见此处;二是因为在这本曲集中,收录了这个作品两个版本的曲谱稿,两者在内容上有明显的变化。通过不同版本曲谱的对比,笔者发现其中被保留的"同"与被修改的

---

① 钱亦平(1946—),上海音乐学院音乐学系教授,博士生导师,钱仁康先生的女儿。研究领域包括音乐作品分析、外国作曲家及作品研究等。

② 因其中为苏轼《蝶恋花》一词所作的曲保留有两版乐谱,书中目录为两版乐谱稿进行了单独编号,笔者在此将其算作同一首作品,故与目录所标56首作品的数量存在差别。

"异",在一定程度上也是在探寻着作曲家本人的创作思路。这种对比就犹如我们探寻其创作思想的桥梁,对于我们研究作曲家的创作思路有着重要的启示作用。因此笔者就选取这首作品,试图从这些改动之处,通过对诗词本身的解读,旋律与词的配合以及谱本辨析,来探寻钱仁康先生对于歌曲写作的思考。

表1 《钱仁康歌曲集》目录一览表

序号	作品名	年份	作词
1	《五一运动》	1931年	刘大白
2	《燕子》	1934年	朱湘
3	《紫罗兰》	1938年	钱仁康
4	《一句话》	1938年	孙静
5	《蝶恋花》(第一稿)	1939年	苏轼
6	《蝶恋花》(第二稿)	1939年	苏轼
7	《卜算子》	1939年	李之仪
8	《菩萨蛮》	1939年	张充和
9	《临江仙——题双鱼图》	1939年	张充和
10	《踏莎行》	1939年	何达安
11	《红叶》	1939年	龙七
12	《庆春泽》	1939年	崔庆芗
13	《打渔姑娘》(歌剧《大地之歌》选曲)	1940年	蔡冰白
14	《山歌》(歌剧《大地之歌》选曲)	1940年	蔡冰白
15	《我怨》(歌剧《大地之歌》选曲)	1940年	蔡冰白
16	《船歌》(女声三部合唱 歌剧《大地之歌》选曲)	1940年	钱仁康
17	《出征歌》(混声四部合唱)	1941年	朱契

续表

序号	作品名	年份	作词
18	《爱护难民歌》	1941年	常任侠
19	《拉纤歌》(二部合唱)	1942年	钱仁康
20	《民族至上》(混声四部合唱)	1943年	吕庠
21	《凯旋歌》(混声四部合唱)	1945年	沈心工
22	《小夜曲》	1946年	龙七
23	《春朝曲》	1947年	龙七
24	《沧浪吟》	1947年	龙七
25	《骸骨舞曲》	1947年	龙七
26	《是这笔杆儿误了我》	1947年	龙七
27	《山鸡救林火》	1947年	龙七
28	《春雨》	1947年	朱芳春
29	《星》	1947年	朱芳春
30	《静》	1947年	朱芳春
31	《来日旧话重提时》	1947年	朱芳春
32	《祖国颂》(混声四部合唱)	1948年	崔东生
33	《甘地颂》(混声四部合唱)	1948年	徐进
34	《一朵鲜花》(二部合唱)	1948年	龙七
35	《流星》	1948年	戴天吉
36	《洞庭樵唱》	1948年	龙七
37	《梅花曲》	1948年	龙七
38	《梅花曲》(女声三部合唱)	1948年	龙七
39	《知了》	1948年	戴天吉
40	《我们像一颗微星》	1948年	(不明)
41	《西湖烟雨》	1948年	姚公振
42	《送春词》	1948年	(不明)

续表

序号	作品名	年份	作词
43	《葬花诗》	1948 年	曹雪芹
44	《煤的对话》	1949 年	艾青
45	《像老鼠一样》	1949 年	袁水拍
46	《常春藤》	1949 年	戴天吉
47	《明天一定比今天好》	1955 年	（不明）
48	《一个姑娘走在田边大道上》	1956 年	吕剑
49	《三弦》	1964 年	陈文和
50	《蝶恋花》	1964 年	毛泽东
51	《浪淘沙——北戴河》	1964 年	毛泽东
52	《雪泥鸿爪》	1993 年	姚大均
53	《中华魂》	1993 年	孙加祯
54	《你从》	1993 年	王薇
55	《午夜心桥》	1993 年	王薇
56	《堂堂溪水出村前》	1994 年	杨万里

一、词　解

"蝶恋花"为词牌名，原为唐教坊曲。根据词的具体内容可知，曲集中所收录的这一词的全称应为《蝶恋花·春景》。这首作品创作于"绍圣二年乙亥（1095 年）春"，时间正值苏轼被贬谪惠州的第二年春天。① 词分上下两阕，上阕写景，下阕写人。全文为：

　　花褪残红青杏小，燕子飞时，绿水人家绕。枝上柳绵吹又少，天涯
　　何处无芳草。

　　墙里秋千墙外道，墙外行人，墙里佳人笑。笑渐不闻声渐悄，多情
　　却被无情恼。

---

① 付兴林.悲喜交错景情真　理趣横生构思巧——苏轼《蝶恋花》赏读辨误[J].陕西理工学院学报（社会科学版），2010（3）:64.

上阕一直以来都是人们争相鉴赏与品读的对象,一句"天涯何处无芳草"更是成为许多人在安慰情感失意之人时的常用语。这句词常常被认为是苏轼因被贬而借景抒情,表达了内心的失落,其中的"褪""残""小""少"等形容词的描绘,更是加剧了这句词背后的"悲剧"色彩,给予人"哀"的第一印象。但作为苏轼婉约词的代表作,如果只是如此解读,未免过于单一。首先,从文字的描写上来看,确实是在写春景的衰败。红花的落败、杏的小而青涩,柳絮的稀疏等,这些意象无不在传递着一种春天即将逝去的伤感之情。但是,经典名句"天涯何处无芳草"一出,则把整个上阕带回到希望之中,似乎出现了情绪上的反转,这让我们不得不重新来审视上阕中所要表达的情感。

整体来品读上阕,它描绘了这样一番景象:花儿的红润随着春天的流逝逐渐褪去颜色,独留下枝头青涩的小杏,此时燕子从远处飞来,环绕着绿水人家,还留有些许春天的生机。无奈风中的柳絮越来越少,但是转念想来,茫茫天涯哪里会没有芳草的倩影呢。如此细细品读起来,隐藏在"春逝的悲"的背后,其实还有一层情感,即被我们忽略了的"夏来的喜"。与"花褪残红"所形成对比的"青杏小",其实是春天逝去与夏天到来这一季节更替的实际客观描写,"青杏"虽在春天小,但它却是夏天的萌芽,预示着新季节的到来。这样一来再看此阕,后面描写所要表达的情感,便焕然一新了。据《林下词谈》[①]中记载,苏轼与朝云在心怀悲秋之感,饮酒唱曲时,朝云的"泪满衣襟"出乎苏轼的意料,因此才"诘其故",后又以"伤春悲秋"来做调侃。由此可知,苏轼在此的原意并无悲伤,反而是带着一种豁达。双重情感的交织,一明一暗,一喜一悲,重喜轻悲,构成了上阕中最大的艺术特色。

下阕则由写景转向写人。如果将这里的写作手法比作电影的镜头语言,上阕就如同是一组空镜头,而随着下阕人物的出现,仿佛是剧情的展开。下阕中描绘了一组擦肩而过的男女:围墙里的秋千荡漾,玩耍的年轻女子正在嬉戏打

---

① 韩立平."天涯何处无芳草"正解——也说苏轼《蝶恋花·春景》[J].文史知识,2015(2).《林下词谈》记载了东坡与朝云的对话——子瞻在惠州,与朝云闲坐。时青女初至,落木萧萧,凄然有悲秋之意。命朝云把大白,唱"花褪残红"。朝云歌喉将啭,泪满衣襟。子瞻诘其故,答曰:"奴所不能歌,是'枝上柳绵吹又少,天涯何处无芳草'也。"子瞻幡然大笑曰:"是吾正悲秋,而汝又伤春矣。"遂罢。朝云不久抱疾而亡。子瞻终身不复听此词。

闹,清脆悦耳的笑声从围墙中传出墙外,虽被路上匆忙的行人听到,但也无法使人驻足,行人只能随着步伐的远去而使笑声渐渐消失在耳旁,仿佛自己的动情被墙内素不相识又不知情的女子所伤。在这里,苏轼用极其细腻的文笔,通过一场美丽的偶遇,刻画了年轻人敏感的内心。但这里人物的内心刻画,是和上阕一样的客观描写,"墙"字阻隔了原本刻画男女之情的"蝶恋花"这一词牌所带有的艳色欲望,人物彼此间的心动,是人对美好事物最本质和自然的情感流露。

综上,上阕写景,却是人心中之景,下阕写人,却是人心中之情。如此一来情景交融又相互交错,环环相扣,构成了全词的情感氛围。悲喜之中,引人入胜。

二、曲　和

曲集《钱仁康歌曲集》的命名中,"歌曲"一词的用法是十分准确的,它表明其中收录的作品虽然均为歌曲这一体裁,但根据具体作品的内容、写法等方面的不同,在类别上还可以进行更加细致的划分。《蝶恋花》这首作品,就体裁而言则属艺术歌曲。

艺术歌曲这一外来的音乐体裁,最重要的特征之一便是歌词往往选自文学性较强的名家诗词(特别是古诗词),加之钢琴伴奏,二者相辅相成,不分主次。音乐与语言共同的因素如节奏、速度、音调等[1],使两者的结合成为可能。在个性方面,抽象的音乐所带有的"非语义性"与具体的语言所带有的"语义性"相叠加[2],使得歌曲这种体裁的艺术表达富有双重的情感效果。而艺术歌曲这一体裁,则是表现具有较高艺术性的古典诗词的最佳形式。钱仁康先生在对诸多中西作品的考证中,也证明了西方音乐和中国古典诗歌的格律存在许多相通之处,并存在着如对仗联偶、顶针格等多种形式,从而两者能够不谋而合。与词曲"完美结合"这种表述不同的是,笔者认为"完美"一词更像是对词曲形式契合度的描述,而"灵犀"一词则更能说明词曲彼此向内深刻的渗透和洞察,更接近词曲结合对于情感表达的贴合本质。

---

[1]　王丹丹.音乐与诗[J].音乐艺术,2006(2):83.
[2]　王丹丹.音乐与诗[J].音乐艺术,2006(2):83-84.

在第一部分中，笔者已经简单介绍了《蝶恋花》词的内涵。在此部分中，笔者将进一步结合曲，来说明该作品的创作特点。这首作品词曲的灵犀，主要体现在三个方面：

1.结构之和

《蝶恋花》全文虽有上下两阕，但可以把每一阕再次进行划分，整体可以看作四大句，这样一来，把原本长短不齐的句子，就划分为更方整的结构。（表2《蝶恋花》结构分解）

从宏观上而言，钱仁康先生在两版曲谱中，虽然存在以重复材料作引子和尾声，但其运用的最主要曲式结构，都是较为简单的带再现的单二部曲式。这种结构正好迎合了词本身上下阕的结构，并以上阕写景、下阕写人形成关联和对比。

从微观上来说，其中a和b两个部分中又各自包含两个乐句，乐句a1和乐句a2从字面来看都为纯景色描写，故使用的音乐材料基本相似，只是在个别音上出现不同写法。乐句b的进入是人物的首次出现，带有转折意味，所以在旋律上明显不同于前面两句。乐句a3则明确地展示出"人的情"，在情感上得以综合体现，此时音乐材料回归到乐曲的开始，得以首尾呼应。这样的四乐句分布，同时也符合中国古典诗词"起—承—转—合"的艺术特征。在这两个版本曲谱中，除了增加的引子与重复的尾声之外，主要部分都遵循着这一基本形式。

表2 《蝶恋花》结构分解

阕	内容	划分	韵律	结构功能
上阕 (a)	花褪残红青杏小，燕子飞时， 绿水人家绕。(a1)	第一句	平仄平平平仄仄，仄仄平平， 仄仄平平仄。	起
上阕 (a)	枝上柳绵吹又少， 天涯何处无芳草。(a2)	第二句	平仄仄平平仄仄， 平仄平平平仄仄。	承
下阕 (b)	墙里秋千墙外道，墙外行人， 墙里佳人笑。(b)	第三句	平仄平平平仄仄， 平仄平平，平仄平平仄。	转
下阕 (b)	笑渐不闻声渐悄(杳)， 多情却被无情恼。(a3)	第四句	仄仄仄平平仄平(仄)， 平平仄仄平平仄。	合

2. 韵律之和

《蝶恋花》的韵律之和,首先体现在平仄和旋律的对应上。例如乐句 a1 与 a2 的前半句,即"花褪残红青杏小"与"枝上柳绵吹又少"分别对应的平仄规律是"平仄平平平仄仄"与"平仄仄平平仄仄",除一字不同之外,其他规律完全相同,这种平仄的规律同时也体现在乐曲的旋律之中。在第二稿中,旋律直接忽略了平仄上的细微差别,只在力度上进行细微对比,旋律上呈现完全再现(谱例1)。而在第一稿中,钱仁康先生的旋律写法在音高上虽有所不同,乐句相较第二稿有细微差别,但是旋律走向仍然基本保持整体下行,从而使得平仄规律在"似曾相识"的乐句里实现了基本的统一(谱例2)。

谱例 1:

谱例 2:

乐句 a3 由于起到"合"的作用,钱仁康先生则把原词"笑渐不闻声渐悄"改为"笑渐不闻声渐杳",使"杳"字与"小""少"统一为去声,于是平仄规律变为

"仄仄仄平平仄仄",与乐句 a2 的"平仄仄平平仄仄"韵律仅一字之差(谱例3)。这样小的改动,令这三个乐句在韵律上的相似性层层递进,产生连锁反应,从而逐步融合进统一的音乐材料中去。

谱例3:

其次,韵律之和还体现在调式布局上。在承担着"起""承"以及"和"功能的三个乐句中,调性相同,都为 F 大调,并且进一步从钱仁康先生所写作的钢琴伴奏来看,和声中主要运用主三和弦的分解形式,在其对所对应旋律的调性起支持保持稳定作用的同时,也奠定了整首作品的基础调性。而在承担"转"的乐句中,调性无疑是改变的。在第一稿中,此句的调性转为 g 小调,在第二稿中,此句则通过频繁运用辅助音的形式进行离调,在该句结尾处的和声编配中,更是短暂进行到 F 大调的属调 C 大调,然后又迅速恢复为原调,造成了调性的不稳定。这样的调性布局,也符合词义本身的情感变化。

3.意境之和

在音乐材料的运用上,两稿用不同的手法将音乐与诗词情景交融的氛围统一起来,从而使词曲共存于同一个情感的磁场中。第一稿中的"合"句是"拼凑"而成的,即"a3(4 小节)= a1(前两小节)+a2(后两小节)",其中的材料都是严格的再现。第二稿中所加的尾声句,则是通过对"合"句的变化再现,来进行再次强调,获得与主题相统一的效果。

在初观察这首作品的旋律时,笔者曾有这样的疑问:为什么看起来如此"伤感"的词,钱仁康先生却配了一首"不伤感"的曲?旋律线的起伏跳动,伴奏的同音八度跳进,规整的八分音符连用,小行板的速度,色彩明亮的基础大调……

这些因素在曲中综合起来，并没有呈现出黯淡的思绪，甚至似乎还有一种潜在的活力。这个问题在第一部分已经得到了答案。

回到对词意的理解可知，内容整体所呈现的情绪其实是喜大于悲的，这就证明了对这首"看似伤感"的词作品，配有并不过分"伤感"的曲是非常合理的。由此也可以看出，钱仁康先生在谱曲前，就已经充分了解了词的内在含义，他没有用单一的视角从表面解读这首词，因此写出了一首初听时令我们感到有所"反差"的作品。但是，喜大于悲并不等同于悲的消失。原词中的"悲意"在曲中仍然有所保留，调性的转变和游离，音响中冲突的增加，成为悲的突出体现，其不明显只是因为被音乐中的节奏等因素所中和了。

三、辨　析

对于该歌曲的两个版本的对比，在第二部分的论述中已有所涉及。在这部分中，笔者欲从两稿的异同之处，再次进行总结和细节补充，并进一步讨论钱仁康先生在创作中的思路所带给我们的启示。

首先，这两稿的相同之处在于：

(1) 带再现的单二部曲式结构；

(2) 旋律及韵律的布局形式；

(3) 基础调性；

(4) 钢琴伴奏的织体类型。

其次，这两稿的不同之处在于：

(1) "承"句的表现方式：第一稿运用大小调式的对比，第二稿运用频繁的离调；

(2) 结构的细微差别：第一稿中加入了引子，但没有尾声，第二稿中没有引子，但是通过重复音乐材料形成了尾声；

(3) 旋律上的细微差别；

(4) 表情术语：第一稿为 Andantino，第二稿为 Andantino con moto。

曲集收录的这两版乐谱都作于 1939 年，但并没有说明更加具体的时间。但从对比中笔者推测，第一稿的具体创作时间应该后于第二稿。虽然二者都将词曲进行了充分的结合，但在第一稿中"转"句的音乐材料反差更大，所呈现的对比更加明显,就歌曲整体而言,引子的加入使乐曲开始不会显得突兀等,这些细小的差别使其比第二稿在整体布局上显得更加考究。

综上所述,《蝶恋花》两稿乐谱的异同,不仅体现了钱仁康先生扎实的创作功底,同时也展现了其深厚的文学素养。他在歌曲创作中所体现的"多维度"思考,以及细致的内涵追溯,是其能用精准的音乐语言进行情感传递与意境表达的关键所在,这种严谨深思的创作态度,值得我们认真地借鉴与学习。

参考文献:

[1]王珂美.《钱仁康歌曲集》的艺术特色[J].人民音乐,1997(3).

[2]钱仁康.与中国古典诗歌格律脉脉相通的西方传统音乐[J].音乐艺术,2001(1).

[3]钱亦平.钱仁康主要学术成果目录[J].人民音乐,2009(4).

[4]王丹丹.音乐与诗[J].音乐艺术,2006(2).

[5]杨阳.从"长相知"音乐会曲目看当代古诗词歌曲创作表现——以《黄莺吟》《长相知》《关雎》三首为例[J].交响(西安音乐学院学报·季刊),2017(4).

[6]付兴林.悲喜交错景情真　理趣横生构思巧——苏轼《蝶恋花》赏读辨误[J].陕西理工学院学报(社会科学版),2010(3).

[7]韩立平."天涯何处无芳草"正解——也说苏轼《蝶恋花·春景》[J].文史知识,2015(2).

二、汪毓和生平和学术成果研究

我记忆中汪毓和最后几年的教学、学术与生活
——纪念汪毓和先生诞辰90周年

李 俊

（台州学院　浙江　台州　318001）

摘　要：

　　汪毓和先生是中国近现代音乐史学科的创立者、奠基人，对中国近现代音乐史学科的发展与建设有着突出贡献与重要影响。2019年是汪毓和先生诞辰90周年，谨以此文纪念汪先生。本文主要涉及汪毓和最后几年的生活时光，笔者从一位音乐史学工作者的视角，从汪毓和学生的视角，以当事人的身份以口述史的方式回顾汪毓和严谨的治学理念、无私的育人品德、勤奋的工作作风、乐观的生活态度等方面的情况。旨在对汪毓和的生平做一点补充。

关键词：

　　汪毓和　生平　口述史　诞辰90周年

　　2019年是汪毓和先生诞辰90周年。尽管先生已于2013年离我们而去，但先生的音容笑貌常常浮现在我的眼前。先生作为我的博士生导师，对我的生活、学术乃至思想产生了深远的影响，起到了至关重要的作用。我作为先生的最后一届弟子，能陪伴先生走完他人生中的最后一段旅程，并时常聆听先生的教诲，倍感荣幸。尽管与先生相识的时间不长，但受先生的影响是受益终生的。我与先生从相识到他仙逝只有短短的4年时间，在这段时间里，我从学术到生

活再到做人,都从先生身上学到了许多,获得了丰富的人生体验。在这些特殊的日子,作为一位音乐史学工作者,作为他的学生,作为他的后辈,有义务、有责任、有必要写点什么来对先生的生平做一点补充,以纪念先生。先生给我在各方面留下了深刻的印象。现根据笔者的记忆对先生生平的最后几年进行口述史式阐述。

一、汪先生的音乐史观

我与先生的相识是在2009年春的一个雨天,当时中央音乐学院校园内路面多处为小方块式地砖,已破烂不堪,积水甚多,我蹚水到了筒一楼,在"马思聪研究会"办公室见到了先生,十来平方米的小房间内烟雾缭绕,因为先生有抽烟的习惯,先生后面因脑出血住院应该与抽烟有很大关系。大量书籍、光碟等物品将小房间塞得满满当当,只有一个较为破旧的沙发尚可坐人。先生见到我,面带笑容,很是热情。从我后面与先生的接触来看,大部分时间面带慈祥的微笑是先生最大的特征。当我提到我的硕士生导师是田可文教授,并且是他介绍我来拜望先生时,先生很是高兴,说他与田老师很熟,也询问了一些关于田老师的情况,我都一一做了回答。之后,先生就给我讲到了他的那本《中国近现代音乐史》(第三次修订版),并详细讲解了该著作的分期问题,为什么要那么分期,写作体例是如何架构的等问题。其中有几点至今还有印象,他说,其一,从主观上来看,作为一个生活在新中国的音乐家,他切身体会到整个时代的巨大转变所带来的深刻变化,这个国家在一天天朝着好的方向发展,尽管中途有些曲折。任何一位音乐史学家首先是一个"人",他有着自己所经历的时代的人生体验,他在写史的时候是应该有自己的立场的,这是无法回避的,或者说他的这种人生体验对其音乐史的写作是有很大影响的。从客观上来说,在近代中国革命的进程中,政权的更迭对音乐史的发展影响很大,从晚清到民国,从民国到中华人民共和国的成立,这是在写作中应该注意的。其二,关于内容问题,他特别提到,在整个近现代,尤其是20世纪前半叶,歌曲仍是音乐史中的主要内容。如学堂乐歌、抗战歌曲、革命歌曲以及其他歌曲等,既有其艺术功能,更有其政治功能。另一方面,中国新音乐的创作在中华人民共和国成立之前,主要是一个学习、模仿、消化、吸收以及探索创新的过程,在1949年以后才逐渐走向成熟。

其三,提到书名的问题,他本人最初为专著命名为"中国近代音乐史",后出版社在出版时改成了"中国近现代音乐史",认为这样更完整,涵盖面更广。书名也体现出先生的分期观,因为先生认为对近现代音乐史的分期应与大史学界保持一致,中国音乐史与政治的关系极为密切,即1840—1949年为近代,1949年以后为现代。当时的这版著作并未涉及1949年以后的内容。我是比较赞成先生这一观点的,至今也是这样践行的。

二、为汪先生举办的学术研讨会

之后,与先生联系就频繁起来。在中央音乐学院庆祝建校70周年之际,学校将校园修整一新,新的教学大楼投入使用,校园地面也变得整洁干净了许多,先生的办公室也从原来的筒一楼搬到了经过装修的老教学楼6楼,尽管房间面积与原来差不多,但设施都是新的,比原来的办公室明亮了许多。室内的书籍摆放也明显整齐了许多,但书籍、音像制品等物品仍然占据了大部分空间。我考上先生的博士生后,专业课都是在这里上的。不久,2009年10月18日,由中央音乐学院主办,中国音乐史学会协办,中央音乐学院音乐学研究所、中央音乐学院音乐学系、中央音乐学院学报编辑部承办的"庆贺汪毓和教授80华诞暨中国近现代当代音乐史学科建设研讨会",在中央音乐学院举行。来自海峡两岸暨港澳及国外的中国音乐史学界的专家学者,汪毓和先生的同仁、同学、朋友、学生等150余人从世界各地赶来欢聚一堂,共同庆祝汪毓和先生的80岁华诞。由于我此前参加类似大型研讨会的机会较少,先生热情地给予我鼓励,希望我能提交一篇论文参加此会,我便将以前硕士论文的部分内容修改整理成一篇关于汉口音乐生活方面的论文提交了,当时既有论文宣读会议,也有圆桌研讨会议等。没想到我在宣读完论文后,获得了先生与戴嘉枋教授的一致肯定,都认为论文有一定新意,但是先生也指出了论文还存在的诸多问题。后来,我也在此基础上进行了修改完善,并发表和出版了一些成果。先生对于学术后辈给予的无私的鼓励、支持、帮助与提携,使我至今印象深刻,难以忘怀。

该学术研讨会不仅是对汪先生在教学与学术领域所取得的卓越成就的充分肯定,而且也是对汪先生50多年来教学、学术的一个总结。汪先生不仅为中国近现代音乐史学科的教学做出了开拓性的贡献,更为该学科的学术研究奠定了坚实的基础,指明了方向。

三、汪先生的博士研究生教学

2010年9月,我有幸成为中央音乐学院的博士生,并拜在先生门下,开始接受先生的正式教诲。先生勤勉的工作学习态度很是值得我辈学习,他尽管年逾80,仍每天很早就来到办公室,开始他一天的工作。我每次到先生办公室上课,他都要讲至少一个小时以上,这对于一个80多岁的老人来说,无论从体力上还是从脑力上来说都是很不容易的。但先生每次上课并没有表现出烦躁、不安的神情,相反,先生总是面带笑容,不急不躁,娓娓道来。这似乎成了先生生活中的一种习惯。每次上完先生的课,我最大的感受就是,先生不愧是中国近现代音乐史的奠基人、开拓者与权威。他在讲到相关问题点的时候,对相关史料驾轻就熟,信手拈来,对史料的熟悉程度令人惊讶,不仅能列出一大堆史料,而且告诉你在哪里能找到。对问题的审视全面客观,对问题的分析鞭辟入里。可见先生在该领域所下功夫之深。在博士论文选题时,我曾经有些忧虑,在第一学期不知选什么题目来做最合适。先生似乎没有太多担心,也许是对我有信心,也或许他已成竹在胸。现在回头来看,自觉当时学识的确不够,接触到的一手文献史料确实太少。谈到选题问题时,先生认为音乐史研究应该"两条腿走路",一条腿是作为艺术的音乐本体的研究,包括对作曲家、作品等的分析研究;另一条腿是作为文化的音乐文化的研究。这方面的研究涵盖的面会更广,会形成各种交叉学科的研究。他尤其提到,我国作曲家群体的研究是音乐史研究的重要基础之一,还有很多作曲家没有被关注到或者关注度不够,这方面的研究空间还很大。先生对近现代的作曲家可谓如数家珍,给我逐一分析了每个时期多个不同作曲家及他们的创作特点,包括对当代的部分作曲家也谈了他的看法。最后,我还是觉得写陈培勋最为合适。首先,陈培勋在管弦乐与钢琴创作领域贡献突出,创作上有一定深度,而且作品曾获首届交响乐比赛优秀奖;其次,陈培勋是中央音乐学院的老教授,对中央音乐学院有重要贡献,培养了一大批杰出的音乐人才;再者,陈培勋出生于香港,大部分时间生活在内地,但学界对他关注度不够。正是基于此,我的博士论文才最终以陈培勋为研究对象。

先生对我论文的选题、定题到开题及总体框架的确定付出了大量心血,在采访人的联系以及材料的收集上更是给予了极大的帮助。由于有关陈培勋的文献资料较少,采访与陈培勋相关的当事人成为论文写作的重要材料来源。通过先生提供的信息与帮助,我亲赴香港,较顺利地联系上了陈培勋老友叶惠康、陈培勋之子陈达刚、陈培勋长女陈薇,他们都非常热情地接受了我的采访。我也获得了不少难得的资料。另外,我还采访了诸多认识陈培勋的老师、长辈,他们是黄飞立、王震亚、黄容赞一家、韩中杰、马思琚、梁茂春、常敬仪、鲍元凯、邓希路、易有伍(香港雨果唱片公司负责人)、聂希玲(人民音乐出版社原编辑)等,通过先生给我提供的这些帮助,我得以完成采访与资料收集。在收集资料的过程中,先生特地帮我联系了上海音乐学院图书馆钱仁平馆长,中国交响乐团资料室张老师,中央音乐学院图书馆黄安乐及其他老师。没有先生的支持与帮助,我收集资料不可能那么顺利。

  在论文写作的初期,他叮嘱我要先对陈培勋的代表作品进行详细分析,果然,这为我后来论文的写作节省了大量宝贵的时间。每次上课,他对论文中存在的问题以及我的疑问都讲解得非常透彻,使我受益匪浅。正当一切都在按部就班进行之中时,汪先生不幸突发脑出血,半年后便驾鹤西去。我深感悲痛和遗憾,从此失去了一位良师,再也不能听到他的谆谆教诲。幸好有蒲方教授的指导才得以使我的论文写作继续进行。她建议我在写作体例上以"研究式"写作为主,尤其在陈培勋的生平与创作历程部分。而我之前打算用"叙述式"来写这两部分。这不仅解决了我很多材料用不上去的问题,还使得论文增加了一定的研究性。论文框架在原基础之上又做了一定的调整。她在我的论文上花了大量心血。论文开题时,戴嘉枋老师、李淑琴老师、陈荃有老师、汤琼老师以及章华英老师对论文都提出了宝贵建议,最终我的论文得以如期完成,并顺利通过答辩,且按时毕业。这其中可以说先生起到了核心作用并给予了最重要的帮助。我在论文写作期间,也随先生参加了金湘作品研讨会、师兄师姐们的毕业答辩等诸多学术活动,可谓是收获颇丰。

  先生对于没能站在音乐史家的角度系统地为其博士生讲解中国近现代史一直耿耿于怀,他始终强调,要研究中国近现代音乐史,必须具有中国近现代史乃至世界史的宏观视野。要深入了解近现代史上的重要事件的真正史实。不能只看表面现象,对待每个历史事件,不仅要掌握其隐藏在表象背后的事实真相,更要有自己的判断。在我们这一届博士生中,先生原本计划完成他的这一愿望,而且也进行了很长一段时间。先生要求我们从1840年开始梳理,针对每个重要历史事件进行系统梳理学习,广泛查阅相关史料,写出学习心得体会,并在专业课上讲解和进行讨论。先生的这种思路是希望我们站在音乐史研究者的角度,并跳出音乐史之外,扎进大历史之中,去阐释历史。在近现代史的研讨学习过程中,上课的还有与我同届的尚洪刚、游红彬,高我们一届的袁昱。记得有一次我们在先生办公室上关于中国近现代史专题的课时,先生提到,要研究中国近现代音乐史,首先要对中国近现代史有深刻的认识,他自己在不断学习中国近现代史研究的新动向,挖掘新材料的同时,也产生了许多与以往不同的认识,这对重新认识与研究中国近现代音乐史是很有帮助的。我们在课上先是由一人主讲,讲完后,大家一起讨论,先生最后总结。先生当时尽管已逾80高龄,且在中国近现代音乐史研究领域取得了不小的成绩,但他还是在不断思考,不断学习,不断提高自己。这一点在2012年上海音乐学院出版社出版的先生的《中国近现代音乐史(1840—2000)》一书前言中,先生有提到。先生因这种严谨、勤奋的治学态度实为我辈之楷模。

四、汪先生的最后一部著作《中国近现代音乐史(1840—2000)》

汪先生从20世纪50年代开始从事中国近现代音乐史的教学与研究,直到逝世,历经半个多世纪,为中国近现代音乐史学科的创立与发展做出了重要贡献。尤其是他多个版本的《中国近现代音乐史》著作更是影响深远,2012年由上海音乐学院出版社出版的《中国近现代音乐史(1840—2000)》(以下简称"2012版《音乐史》")为他的整个学术生涯画上了一个圆满的句号。已经有多位研究者对汪先生的著述及他与中国近现代音乐史的关系进行了多方面的研究,在此不一一列举。但由他的最后一版《中国近现代音乐史》所牵涉的诸多问题,如他到底有多少个版本的《中国近现代音乐史》,他的这最后一版《中国近现代音乐史》与以往的版本有何关系,有什么特点,通过这个版本的著作能得到什么启示等仍值得深入探讨。

从汪毓和先生的最后一版《中国近现代音乐史(1840—2000)》可以看出,

历史涉及近代与现代两个时期，而这两部分又分别来自两个不同版本的音乐史专著，这里就涉及多个版本的问题。近代与现代两个部分的专著曾分别以两个独立的版本呈现两条线，不断再版。

先看中国近现代音乐史近代部分的版本，它最早源于汪先生1959年在中央音乐学院使用的内部教材，当时并未出版发行。最早出版的应是我们通常所称的"小白本"，即1964年以"中央音乐学院试用教材"名义出版并内部发行的《中国现代音乐史纲》，这是中国近现代音乐史近代部分的第一版，但当时称为"现代音乐史"。由于其后不久"文革"的出现，导致这一著作的公开出版受阻，直到时隔20年之久的1984年，这一著作才得以由人民音乐出版社公开出版，书名为《中国近现代音乐史》，其内容仍是近代部分。① 其后，由人民音乐出版社分别于1994年、2002年、2009年再版，但内容仍为近代部分。其间，由于使用教材的需要，中国电子音像出版社2000年出版了《中国近代音乐史纲》（中央音乐学院远程音乐教育丛书），高等教育出版社2005年出版了《中国近现代音乐史》（近代部分），中央民族大学出版社出版了《中国近代音乐史》（《中国近代音乐史纲》的修订版，中央音乐学院远程音乐教育丛书），但以上版本总体上并未超出《中国近现代音乐史》（人音版）的范围。

再看中国近现代音乐史现代部分的版本问题，华文出版社1991年出版的《中国现代音乐史纲(1949—1986)》是汪先生中国近现代音乐史现代部分最早的版本；2006年高等教育出版社进行了再版，为了与近代部分对应，名为《中国近现代音乐史（现代部分）》；2009年人民音乐出版社又增订出版，名为《中国近代音乐史纲(1949—2000)》。

汪毓和先生在《中国近现代音乐史》（第三次修订版）中提道："在2004年，我主动向人民音乐出版社表示打算再做一次修订，作为自己生前对写史的最后一搏。"②这一工作本来应该在他80寿辰时就此画上一个圆满的句号，但"正好2010年12月在厦门参加'第10届中国音乐史学会年会'期间，上海音乐学院

---

① 汪毓和先生曾对笔者提到此问题，当时汪先生打算取名《中国近代音乐史》，但出版社根据出版的需要最后定名为《中国近现代音乐史》。

② 汪毓和.中国近现代音乐史(第三次修订版)[M].北京：人民音乐出版社,2009:前言1.

出版社社长洛秦教授向我提出重新编写一本全面探讨中国近现代音乐史整体发展的'史纲性教学读物'的委约,又给予我再次'重写音乐史'的珍贵机遇和鼓励"。① 这为汪先生的最后一部史著的诞生提供了机会。但笔者认为原因不止于此,对于汪先生自身而言,一方面,他对人音版的《中国近现代音乐史》内容与书名不一致还存在一些遗憾,尽管有人音版的《中国现代音乐史纲(1949—2000)》进行了弥补。蒲方曾在回忆父亲的撰文中提道:"这一版与'第三次修订版'比较起来,大多数内容被简化,光盘和图片都尽量减少,却实现了他的一个愿望,就是将'中国近现代音乐史'的研究时限真正建立在'1840年至2000年之间'。"② 另一方面,正如他自己所言:"尤其,近十年来,不断读到历史界许多学者对中国近现代史,包括中国共产党党史的研究,其中提出了大量自己根本不知道或不太相信的史实记载、史学认识,又使自己增加了不少新的不安和反思。"③ 汪先生的这些想法也曾在给笔者及其他的博士生上课时提到过。再者,这部史著"对全国大多数高等音乐艺术院校作为'共同必修'课教学以及对各类文科院校的'应试参考读物'讲,应力求为读者提供一本内容更精炼、使用更方便、价格又能较之低廉的品种。这是我原来没有太认真考虑的"。④ 这种出版要求有点出乎汪先生意料。

汪毓和先生以往的中国近现代音乐史著作中,均没有将近现代时期在同一本著作中贯通起来,2012版《音乐史》一个显著的特点就是在时期上将近代与现代贯通,从1840年一直到2000年,实现了书名与内容上的一致,可以说是一部名副其实的近现代音乐通史著作。正如该书前言中所述:"这次的工作是建立在我上述两本教材的基础上进行的,书名暂定为《中国近现代音乐史(1840—2000)》,全书分上下两编,上编为'近代部分',下编为'现代部分'。"⑤ 该书的内容是汪毓和先生《中国近现代音乐史》(第三次修订版)(以下简称"2009版《音乐史》")与《中国现代音乐史纲(1949—2000)》(以下简称"2009

---

① 汪毓和.中国近现代音乐史(1840—2000)[M].上海:上海音乐学院出版社,2012:前言2.
② 蒲方.翠盖如云满庭芳,铁枝拳挚子孙荫——怀念我的父亲汪毓和[J].人民音乐,2013(4):42.
③ 汪毓和.中国近现代音乐史(1840—2000)[M].上海:上海音乐学院出版社,2012:前言1-2.
④ 汪毓和.中国近现代音乐史(1840—2000)[M].上海:上海音乐学院出版社,2012:前言2.
⑤ 汪毓和.中国近现代音乐史(1840—2000)[M].上海:上海音乐学院出版社,2012:前言2.

版《史纲》")两本书的综合,以前分别多次再版的"近代部分"与"现代部分"两条线在此真正合二为一。

在分期问题上,汪先生在延续了他以往著作的同时,对部分地方做了适当的修改。在大的框架上,正如他自己提到的:"关于中国近现代音乐史的'历史分期',以往学术界各说纷纭,实际上对各校的教学徒然造成不小的混乱。我再次声明各有关方面应该重视新近出版的《中国大百科全书(第二版)》对世界历史和中国历史'历史分期'的新界定,首先在教学(包括招生考试)上逐步取得共识。"[1]"本书'章节框架'基本按照《中国大百科全书(第二版)》所定的历史分期原则,分'上编'为'近代部分'(共六章)、'下编'为'现代部分',绝大多数'章'均按本历史时期的时序排列。"[2]他在2009年出版的两本著作的基础上,参考了《中国大百科全书(第二版)》的分期,构筑起大的框架。与2009版《音乐史》及2009版《史纲》两著相比,在一些细节问题上的修改,体现出了他对分期问题及著作相关内容的一些新思考,如上编的近代部分,有以下变化:其一,在每一章的标题上都增加了具体的时间段,这使得在论述每一章的问题时时间范围更为明确;其二,将原来的第五、六、七章的时期整合为"'抗日战争·相持阶段'后中国音乐的发展(1940—1949)",增加了前后时期划分的连贯统一性。下编现代部分的变化有:其一,将"新中国建立初期"改为"中华人民共和国初期",时间段仍为1949—1957,"新中国"改为"中华人民共和国"体现出汪先生一种更加客观的治史态度;其二,将"'文革'及'拨乱反正'阶段的音乐(1966—1978)"改为"'文革'及'拨乱反正'时期的音乐(1966—1979)",尽管1978与1979只有一年之差,但体现了汪先生对这一问题的新的认识;其三,将"'改革开放'后中国音乐的新发展(1979—2000)"改为"'改革开放'时期的各类音乐发展(1980—2000)",可以反映出"改革开放"并不是一个短暂的过程,而是一直延续到现在乃至将来很长一段时间的一个过程;其四,将"20世纪50年代后台湾、香港、澳门地区的音乐创作"改为"台湾、香港、澳门地区近现代音乐的发展",将原来的"20世纪50年代"这一时间限定取消,考虑到包括这一时期之前

---

[1] 汪毓和.中国近现代音乐史(1840—2000)[M].上海:上海音乐学院出版社,2012:前言 2.
[2] 汪毓和.中国近现代音乐史(1840—2000)[M].上海:上海音乐学院出版社,2012:前言 3.

在内的更大跨度的内容的介绍。

2012版《音乐史》尽管是中国近现代音乐史的通史性著作,但由于出版社的"史纲性教学读物"的要求,使得在内容上不得不更具精简性。这一点汪先生自己也提道:"根据当前史学界对'中国近现代史'许多新的史料挖掘、档案解密的重要进展,以及出版者对'简编'的篇幅要求,我对上述两本教材的内容作了较大的'章节结构'的调整,即由'两本8+25的33章'改为'上下编合一本、顺编11章'的章节框架。'文字叙述'的压缩,即由两本共约45万字压缩为一本共约25万字(主要根据电脑显示的'字数统计',不计空间也不包括谱例所占篇幅)的出版物。""根据出版者的要求,这次修改重点在文字的叙述,删去原来的'图例'和'乐例',保留必要的'谱例',但两者相加可能对全书的篇幅还会有所增加。""过去我历次的所谓'重写',还都局限在音乐历史发展和对有关代表性音乐家及其代表作'就事论事'而进行的,根据近几年来对中国近代、现代历史研究方面的新进展,马上联系具体音乐现象进行评述确实还有相当的困难。但这次至少可以对若干社会背景和历史现象的评述,尽可能做到摒弃以往由于自己根本不了解或有所听说又不敢贸然相信的情况而在自己思想中所形成的'陈说',试图提出个人不成熟的'新见',以供读者、同行及学生讨论、批评、帮助。""本课内容基本以突出音乐创作的发展主线,与相关的社会历史和音乐事业发展、特殊的音乐历史现象的背景相联系;因本课的课时非常有限,有关两个时期'传统音乐文化的继承和改革'尽可能在特定章节中作简要的概述,与'民族音乐课程'避免重复;有关'港澳台地区近现代音乐的概述',现在仅是新写,暂时没有与内地的音乐发展完全融合。"①

从汪先生以上的介绍,可以看出与2009版《音乐史》与2009版《史纲》相比,内容的精简是2012版《音乐史》的一个重要特点,这在该著正文的许多地方得以体现,如在第二章第二节中的"早期新军歌的发展"这一点的论述中,删去了对《军乐稿》这一文献中有关军乐的记载,这并不影响对新军歌发展的整体把握,反而可作为读者进一步延伸阅读的材料。在第二章第三节的"学堂乐歌

---

① 汪毓和.中国近现代音乐史(1840—2000)[M].上海:上海音乐学院出版社,2012:前言2-3.

的主要内容和形式"中,论述采用日本歌曲曲调、欧美歌曲曲调进行填词的歌曲时,删去对了日本、欧美歌曲原曲调的介绍。2012版《音乐史》的第四、五两章的内容是2009版《音乐史》第四、五、六、七四章内容的融合精简。2009版《音乐史》第八章的内容在2012版《音乐史》中基本被删去。在下编现代部分中,在保持总体章节结构基本不变的前提下,一方面,增加了第六章,将2009版《史纲》中分布于第一、二编中的"传统音乐的继承和改革"内容集中到一起单独成章;另一方面,将各章的内容都予以精简,尤其是对各音乐家的介绍部分,基本都作为注释来处理,改变了2009版《史纲》中作为正文论述的方式。这样不仅在架构上与上编形成呼应并保持一致,而且更加突出传统音乐与新音乐发展的两条主线,使得整个脉络更加精简明晰。

  当然,精简并不意味着只删不增,为了行文及论述的需要,在一些适当的地方,也予以了内容的增加,如在"上编引论与概述"中,增加了从"鸦片战争"到1949年期间中国近代音乐文化的发展所经历的几个阶段的概述,使得这一部分形成了纵横交织的音乐时期与音乐史实的概述,使人一目了然。

  2012版《音乐史》在写作指导思想上,有以下几方面较为突出:其一,兼顾普及性与专业性。在承袭了以往版本的专业性同时,增加了普及性的思想,使得该著精简性与专业性兼具。该著尽管是一本"史纲性教学读物",但在保持精简性的同时,仍然非常注重专业性。如第四章第一节中,一是删去了"业余歌咏活动"这一部分,二是删去了对电影歌曲的一些介绍,三是删去了对"市民群众自娱性的民族器乐演奏"的介绍,四是对"中国音乐家的演出"和"中国管弦乐队的创建"予以简要的介绍。其二,对原有音乐史实在保持已有认知的基础上进行部分再认知。如2009版《音乐史》第二章第一节标题中的"中国基督教"在2012版《音乐史》中改为"西方基督教",这不仅与"西洋音乐的传入"这一大的标题更为贴切,而且也体现了对基督教音乐的重新认知。又如2009版《音乐史》第四章第一节在"学校儿童歌舞演出及城市歌舞、电影音乐的发展"这一部分有这样的论述:"……黎锦晖就开始朝着迎合城市小市民的趣味大搞起庸俗浅薄、充满商业气味的所谓'成人歌舞'的写作和'家庭爱情歌曲'的写作……形成30年代初我国沿海城市的一股庸俗颓废的小市民艺术潮流……也为了扭转一些不健康的通俗歌舞电影音乐对市民群众的消极影响……不仅在当时极大地鼓舞了群众积极向上的思想感情,还深深地影响了中国青年一代的健康成长。"①这些语句在 2012 版《音乐史》中都进行了删改:"……黎锦晖又投入迎合小市民趣味'成人歌舞'和'家庭爱情歌曲'(又称'时代曲')的演出……形成 30 年代初我国沿海城市一度'引领风骚'的歌舞热潮……写出了一批在思想内容和艺术形式上比较健康优秀的电影、戏剧插曲。"②可以明显看出汪先生在对待黎锦晖的某些创作以及当时城市歌舞、电影音乐的评价朝着更为客观的方向改变。其三,对近现代史的新认知在文中予以体现。如 2009 版《音乐史》第四、五两章合成 2012 版《音乐史》第四章,2009 版《音乐史》第六、七两章合成 2012 版《音乐史》的第五章,且标题突出了"抗日战争·相持阶段"。从表面上看,是汪先生根据精简要求进行的合理合并,实则体现出汪先生对近代史问题的一些新认知。另如 2009 版《史纲》的第一编标题为"新中国建立初期音乐的建设和发展",第二编标题为"社会主义建设和社会主义改造开始后中国音乐的发展",在 2012 版《音乐史》中改为第六章"中华人民共和国初期各类音乐事业的发展"与第八章"'社会主义革命与建设'时期各类音乐事业的发展",从"新中国"到"中华人民共和国",从未加引号的"社会主义建设和社会主义改造"到加了引号的"社会主义革命与建设",可以明显看出汪先生对现代史的一些问题有了新的认知。

该著不仅成为汪先生的最后一版《中国近现代音乐史》,为自己的音乐史研究画上了一个圆满的句号,圆了自己中国近现代音乐通史写作的梦,而且也给予今后的中国近现代音乐史研究很多新的启发,是一部继往开来的音乐史著作。

五、汪先生的生活与最后时光

我与先生在一起吃饭的次数虽不多,但可以看出先生似乎对美食很有自己的见地,在与先生到学校对面的广电宾馆餐厅吃过几次饭后,先生对那里的广东菜总是赞不绝口。有一次与先生还有他的其他几位弟子到学校旁边的卓越

---

① 汪毓和.中国近现代音乐史(第三次修订版)[M].北京:人民音乐出版社,2009:122-123.
② 汪毓和.中国近现代音乐史(1840—2000)[M].上海:上海音乐学院出版社,2012:81-82.

餐厅吃饭,先生提到那里的烤鸭味道很好,不会比全聚德的差。看来先生是很会享受生活的,我平时经常到卓越餐厅吃饭居然没有注意到这些细节。遗憾的是,相聚的时间总是短暂的。2012年6月12日,先生突发脑出血,被送进了北京复兴医院重症监护室,情况稍好后转入普通病房,此后卧床不起,也不能与人交流,其间,我与尚洪刚多次去探望先生,先生似乎并未见好转的迹象。在与病魔做斗争长达半年之久后,2013年1月4日晚,先生与世长辞。1月8日上午,我在八宝山殡仪馆菊厅见了先生最后一面。先生作为一位热爱音乐的音乐史学家、音乐教育家在最后时刻选择了贝多芬的第七交响曲的第二乐章的葬礼进行曲为自己送行。最后,借用汪毓和先生的另一位弟子、我的师兄程兴旺为先生所作的一副挽联来结束此文:"弘毅治乐史津梁中西斗室鉴百年风云,矢志育英才发蒙启智方隅张教席盛宴"。汪毓和先生虽然已经永远地离开了我们,他的音乐史学思想及其著述却是留给我们的宝贵精神财富。

汪毓和先生生平补遗以及青年时期在苏州的音乐活动

田 飞

(苏州大学 江苏 苏州 215400)

摘 要：

汪毓和先生是我国著名的音乐理论家，他青少年时期主要是在苏州度过的。苏州近代城市音乐文化的大环境以及爱好音乐的家庭氛围，对汪毓和先生最终选择专业音乐之路产生了直接的影响。而20世纪40年代围绕苏州"艺声歌咏团"的一系列活动，成为他早年重要的音乐实践，因此，挖掘并整理这一段历史有助于我们对汪毓和先生的研究和学习。

关键词：

苏州 汪毓和生平 音乐活动 苏州"艺声歌咏团"

汪毓和先生是我国著名音乐史学家，中央音乐学院教授、博士生导师。汪毓和先生的生平介绍在之前出版的著作、期刊以及纪念性文章中都有涉及，但是笔者发现这些"生平"介绍主要集中在对汪毓和先生1949年考入"国立北平艺术专科学校"之后的学习以及工作情况的介绍，对于汪先生20岁之前的学习和生活，尤其是青少年时期在苏州的家庭以及影响、音乐启蒙和音乐活动等情况介绍得不详细。

汪毓和先生祖籍四川郫县(今成都市郫都区)，但出生于苏州，祖辈于清朝末年举家迁徙到苏州。1937年夏到1941年年底,迫于生活曾居住于上海,除此之外人生中最重要的青少年时期是在苏州度过的。苏州这座古老的、文化底蕴深厚的城市滋养了他近二十年的光阴,他受益于近代城市音乐文化的影响。因此,挖掘和整理这一段历史有助于我们对汪毓和先生的研究和学习。①

一、汪毓和先生的生平补遗

汪毓和先生成长于一个清末民初的书香世家,祖上几辈人均从事"儒"业。汪毓和先生的祖辈原籍四川省郫县,清朝末年(光绪年间),全家跟随祖父汪荣铬迁来苏州。祖父汪荣铬原是成都郫县官府中的吏使,同时擅长中医,曾被御封为"登仕郎""敕赠徵仕郎",在苏州去世后被追授为"晋赠奉政大夫"。祖父来苏州为官,有自然和人缘的因素:一是光绪年间四川发了大水,为了避灾有意举家迁徙来苏州;②二是作为当时苏州元和县令李超琼的幕僚来到苏州。③

汪毓和先生的父亲汪廷沐,字靖涵,④清末考入有名的江苏官立"法政学堂"⑤,后来以相当于秀才的身份参加拔贡考试,并以江苏省第一名"优贡"获得进京殿试,被授予七品顶戴,后在南京政府设在镇江的江苏高等法院担任文牍,

---

① 笔者的调查研究首先是从拜访陆振岳教授开始的,通过对陆教授多次采访、一同到汪先生的老家吉由巷实地勘察,研究获取了进展。陆振岳教授是苏州大学历史系教授、苏州地方志顾问,也是汪毓和先生的姐夫,即汪毓萍的先生。有关汪毓和先生家庭的部分资料出自陆教授的回忆,如二位兄长和姐姐汪毓萍的资料。

② 以上史实出自汪毓和先生的"回忆与随感",它是本文的重要参考资料。"回忆与随感"(包括二篇,17页)是汪先生于2012年4月25日在北京完成后,转交给参加"艺声歌咏团"的多位老同志,请他们校对的复印稿件。在稿件前汪毓和先生注明:"近期我将自己于1949年以前苏州音乐发展的亲历、亲闻及其随感,所写的几篇专题性'回忆与随感'初稿发给你们几位老同志、老战友,诚挚地希望各位不吝赐教予以审阅、批评……",内容包括:苏州"艺声歌咏团"概述、我的早年生活和二位音乐启蒙老师、几点补充等。笔者获赠的这份材料原本是转交给胥公义老师的审阅稿件。

③ 李超琼(1846—1909),字紫璈,四川合江人,光绪五年(1879)中举人,历任江苏溧阳、元和、阳湖、无锡、吴县、南汇、上海等知县,与苏州有很深的渊源[光绪十五年(1889),担任元和县知县时在金鸡湖修建李公堤]。陆振岳教授回忆:李超琼与汪家的关系密切,曾安排汪家小住于网师园等处,在他离任之后,还将一套两厅三进的住宅赠了汪家,就是汪先生家的老宅苏州吉由巷20号,房子范围很大,还有一个小院,南面就是言夫子庙,曾用作开办干将小学,后面种了很多花草和树木,蒲方教授回忆20世纪70年代曾在此居住过一段时间。为了纪念李超琼,汪毓和的父亲汪廷沐曾将大儿子汪毓岷的字号取为"念璈"。

④ 正式出版发行的刊物称为"静庵",陆振岳教授校正为"靖涵"。

⑤ 江苏省官立"法政学堂"光绪三十二年(1906)在苏州海红坊巷成立,是江苏省最早建立的高等法政(专门)学堂,辛亥革命后才停办。它属于清末官立学校,规定学生名额为199人,学级为二级,经费由藩库、府署拨款,不收学费。

即与检察官同级的书记官。①

汪先生的祖父生前与苏州当地的名门望族来往密切,这一时期也是家族最兴旺的时期。"例如苏州最后一位状元陆润庠,曾是我父亲的挂名'业师',我们家与苏州当地的望族名门,如状元洪钧家,他的夫人即'赛金花'、《孽海花》中的主角,曾以夫人名义随他出使欧美;章太炎家、李准(曾任清末两广提督)家等,都算是有一定来往的'世交'"。②

1.汪毓和先生青少年时期的家庭以及影响

汪毓和先生早年学习音乐以及最终选择走上专业音乐之路,与他的家庭影响是密不可分的,家庭成员中有多位音乐爱好者,包括大哥汪毓岷、二哥汪毓新和姐姐汪毓萍,他们毕业于民国时期的"新式"学堂,接受的是"新式"教育,在他们的引导下,汪先生学习音乐的兴趣浓厚,也是在他们的支持下先生最终选择了专业音乐之路。

大哥汪毓岷喜爱发源于苏州本地的昆曲和弹词,③会吹笛子,弹一手好吉他(夏威夷吉他),陆振岳教授回忆:"他是年轻时候学的,年老时还会弹弹的,我看他弹过几次,很不错的"。受他的影响子女们也都爱好音乐。大儿子汪德顺毕业于复旦大学数学系,读书期间就是复旦大学歌咏团的团长,曾参加过"艺声歌咏团"的活动,后来成为西安交通大学开创应用数学学科的教授;二儿子汪仲楷(也叫德森)受父亲影响,也喜爱昆曲,会吹笛子,可以"拍曲子"为昆曲伴奏;女儿汪德馥,爱唱歌,小时候也参加过"艺声歌咏团"的活动。

---

① 大清宣统政纪卷之三十八;引见八旗及各直各省考取拔贡生汪廷沐等一百七十八名,交吏部询问。以八品录事、书记、直隶州州判、按察司经历、盐运司经历等官用。

② 出自汪毓和先生"回忆与随感"第二篇第1页。

③ 陆振岳教授回忆:汪毓岷,苏州中学毕业,父亲过世后就读不起书了,在二舅的介绍下,一直在上海的中国银行工作,舅舅原来是清朝末年江苏铜元局(过去制造铜钱的部门)的负责人,中华人民共和国成立以后汪毓岷在上海的人民银行工作。1937年汪毓和的父亲去世,家中失去了经济支柱,母亲先后生有10个孩子,但不幸有6个生病因拮据耽误治疗而夭折,剩下四个兄弟姐妹感情很深,不仅仅在生活中相互支撑,同时也在音乐上有共同的爱好,艰难岁月中汪毓岷发挥了长子和大哥的作用。

二哥汪毓新学习小提琴,同时爱好收藏唱片。①陆振岳教授如此评价:他"学小提琴,学得很好,比大哥吉他还要好,可以公开演奏",收集"唱片有六大箱,世界有名的交响乐都有"。②二哥是弟妹学习音乐的主要鼓励者和支持者,给他们创造必要的学习条件。他曾给妹妹汪毓萍买过一架美国罗滨生牌钢琴,③在当时是一笔不菲的投资。1948年回到上海后,汪毓新常领弟弟汪毓和去上海兰心剧院欣赏"上海市政交响乐团"的演出,其收藏的"西方名曲唱片"自然成为汪先生的"音乐文献"。当时他还准备和在重庆认识的、学习音乐的女朋友结婚,可见他与音乐的"缘分"。二哥对音乐的"痴迷"显然深深地感染了汪毓和先生,他回忆这一段历史时写到,"我的心灵才萌发了想报考正式的音乐院校学习,终身从事音乐的愿望"④。

姐姐汪毓萍毕业于教会办东吴大学外语系,⑤与汪毓和先生的感情很深厚,也是他实际上的"监护人",曾一同在东吴大学勤工俭学,一起亲历苏州"艺声歌咏团"的创建和发展,共同担任"艺声歌咏团"的正副团长。1948年秋,由于她领导进步歌咏活动,曾被国民党特务"侦查"和"监视",中华人民共和国成立后她继续主持"艺声歌咏团"的活动。可以说姐姐汪毓萍是汪毓和先生20世纪40年代音乐实践活动的领路人。

---

① 陆振岳教授回忆:汪毓新在家排行老七,又称为"七哥",毕业于国民党"国立税务专科学校"海事班,学习船政,一直在招商局工作。抗战期间曾转往重庆工作,抗战胜利后在招商局上海至重庆的客轮上任二副,1948年担任"三友轮船公司"上海至香港客轮上的大副,中华人民共和国成立后在台湾船政工作,后代中也有几位学习音乐(小提琴专业)的。

② 据陆振岳教授回忆,这些唱片曲目很丰富,他曾经与汪毓和先生一起将这批唱片从苏州的老宅托运到北京。

③ 陆振岳教授回忆这架钢琴后来被托运到北京,蒲方教授回忆钢琴是美国罗滨生牌,一直在家中使用,20世纪80年代左右才更换了这架钢琴。

④ "回忆随感"第二篇第5页,这位女士(原名不便透露)中华人民共和国成立后是贵阳艺术师范学院的钢琴教师。

⑤ 汪毓萍丈夫陆振岳教授回忆:汪毓萍1925年出生,姐弟二人相差4岁,毕业于苏州平直小学,抗战开始,一起逃难到苏北,后辗转上海投奔二舅,在上海允中女子中学就读(原在北京西路,学校中华人民共和国成立后没有了)一直读到高中毕业,毕业不久后照顾舅舅直至他去世,虽然二位表哥对她也很照顾,但汪毓萍还是回到苏州,家庭困难没有办法读大学,她就当了小学教师,曾在几个小学工作,待的时间最长的是培德小学,这些都是私立学校,后来考入东吴大学外语系,还兼职在东吴大学教务科做些事情,时间不长,最后还是回到小学做教师,后来是苏州木渎中学的校长。

2.汪毓和先生20世纪40年代档案中的信息

笔者在查阅苏州大学相关档案中,发现20世纪40年代的档案《国立社会教育学院学生状况调查表》中有汪毓和先生的两份资料,资料显示汪毓和先生曾经于民国三十八年(1949),作为艺术教育系音乐组的学生在苏州"国立社会教育学院"注册过。

该资料是一份学生调查表,列有填写的个人信息栏目,全文包括:汪毓和,男(附有一寸免冠黑白照片),现年20岁,民国十八年(1929)5月6日出生,籍贯江苏吴县,系科艺教(音),(高中)毕业时期民国三十六年(1947)。另一份资料是苏州"国立社会教育学院"学生的签到表,上有汪毓和先生的签名。

据此考证1949年汪毓和先生曾考入苏州"国立社会教育学院"并注册,与此同时他在上海考点报考了"国立北平艺术专科学校"的音乐系,并顺利录取进京,也就是说1949年汪毓和先生同时被两所大学录取,在"国立社会教育学院"注册。

二、汪毓和先生的音乐启蒙

汪毓和先生青少年时期的音乐启蒙集中体现在音乐环境的熏陶和学校音乐教育两个方面。

1.音乐环境的熏陶和影响

除了家庭影响之外,汪毓和先生受益于苏州这座古老城市音乐氛围的影响。早在明清时期,苏州就是音乐氛围浓郁的城市,昆山腔在这里发展成为全国性的剧种——昆剧,苏州评弹在这里诞生,文人音乐之代表古琴音乐也在这里形成了气候。民国时期传统音乐在继承和发展的同时,新式学堂已将音乐课纳入正式的学校教育中。开埠之后西方音乐也伴随着基督教的传入在苏州逐步兴盛起来。

近代基督教传播在苏州很活跃,西方音乐伴随着教会仪式得到推广。基督教监理会1883年在天赐庄创建了博习书院,1896年孙乐文又开办了宫巷书院,根据苏州地方志文献统计,近代有近30所教会学校,如慧灵中学(女子,1907年创立)、宴成中学(男子,1906年创立)等。汪毓和先生青少年时期居住的老家(吉由巷)就很典型,地处城市的核心,包围在传统音乐和外来音乐的氛围之中。往东不远处就有一座著名的教堂,它由美国基督教监理会扩建重修,被称为"乐群社会堂"(1921年),曾经的主持就有赵宋光先生的父亲赵宗福牧师,①再往南稍远处有美国基督教监理会创办的近代著名学府东吴大学(1900年)和景海女子师范学校,而往北一点还有"苏州基督教青年会"(1920年成立),这些教堂和教会学校都有稳定的音乐活动,此外附近还有苏州最大、久负盛名的"开明大戏院"(1928年建立,原名"东吴乾坤大戏院")。"开明大戏院"是专业的京剧演出场所,梅兰芳、程砚秋、尚小云、马连良、周信芳、张君秋等名伶都曾在此登台献演。少年时期的汪毓和先生就生活在这样的环境和氛围之中,去教堂里感受基督教圣咏的音乐氛围,去戏院聆听传统戏曲,正如他自己所说,除了在小学中接触音乐课外,"唯一能与音乐有些接触的,就是星期天我与兄姐跑到附近的基督教堂,表面上像是去做礼拜,实质上是为了去听唱诗班唱圣咏;还有就是我喜欢听街上广东小贩的卖唱和放学后偷偷溜进附近一家唱京戏的戏院看热闹"②。

  1937年夏天抗战全面爆发前夕,父亲因病去世,家庭陷入了窘境,汪先生跟随母亲、二哥和姐姐到上海投靠二舅和在中国银行当实习生的大哥。③上海被誉为"东方的巴黎",城市音乐氛围浓郁,虽处于"孤岛"时期,但还是能够接触到"新奇"的音乐事物。在这里,汪毓和先生第一次接触到无线电(收音机)、电影这样的音乐新媒介。兄弟姐妹们常在一起自学音乐,倾听大哥演奏夏威夷吉他,去教堂听礼拜音乐和军乐队的仪仗音乐。"在大哥的带领下,我和二哥、姐姐每逢星期天上午,常常到'跑马厅'附近的大光明电影院去,去听当时驻守在上海的美国第四舰队海军陆战队军乐团在那里做礼拜前的音乐演奏,那是我们当时最愉快的、欣赏音乐的机会了。另外,从租界街上的商店里的电台广播中,还经常听到有关抗战歌曲的播唱。从大哥那里还经常可以听到他当时钟爱的夏威夷吉他演奏,并且我们兄妹开始喜欢习唱《101首最好的歌曲》那本英文

---

① 赵宋光先生回忆:父亲赵宗福毕业于南京金陵神学院,是中国本土第二代牧师,曾在苏州等地主持教会工作。
② "回忆与随感"第二篇第2页。
③ 汪毓萍.我是如何进入音乐之门和为什么选择了音乐史研究和教学之路[J].中国音乐,2003(3):40.

歌集中的歌曲。"①

1941年12月,日本偷袭珍珠港,太平洋战争爆发,上海租界沦陷,为躲避战乱全家返回苏州。回来后的一段时间里,汪先生"曾迷恋"唱片,"几乎每天独自在表哥房间里欣赏",包括最新录制的李香兰、龚秋霞、周璇、白光等歌星的"时代歌曲"唱片。"在我一位表哥家,我听到了留声机放的唱片,绝大多数是我表哥买来的流行歌曲唱片,才算是在音乐方面又开了眼界,进一步提高了我对音乐的兴趣"。

汪毓和先生在自述中提到少年时期迫于家庭困难,没有接受过太多的正规音乐教育,起步也较晚。而来自家庭潜移默化的熏陶以及帮助无疑激发和影响了汪毓和先生学习音乐的热情;同时沉浸在如此丰富的城市音乐氛围之中,又使得他耳濡目染受益其中。音乐无疑给少年时代生活艰辛的他带来了心灵上的慰藉,在音乐爱好萌芽的过程中,也蕴含了他学习音乐的必然性和驱动力。

2.受益于二位恩师的指导

清末民初苏州的学校已经开设音乐课,课堂上的音乐基础教育成为汪毓和先生真正意义上的音乐启蒙,尤其是在"我的二位音乐启蒙老师:胡幽文、范艺"②引导和帮助下,汪先生开阔了眼界,开始走上音乐学习之路。

汪先生1942年秋考入知名的江苏省立苏州中学的初中部(初二),胡幽文老师是这所学校的音乐教师,校长则是"学堂乐歌"时期就很有名的音乐教育家裘梦痕,他曾经为学校音乐教育编写过《开明音乐教本(唱歌篇)》《中等学校唱歌》《中文民歌五十首(丰子恺先生插画)》等教材,与丰子恺先生有过密切合作,注重学校音乐科目的普及和教育,裘校长虽然没有直接担任音乐课的老师,但是可以推测学校的音乐活动应该是十分活跃的。汪先生介绍音乐老师是"一位三十多岁美貌端正、很有气质的女老师,名叫胡幽文"③"她不仅有一副优美动人的好嗓子,钢琴也具有相当高的弹奏水平,而且还懂得作曲、指挥和丰富的

---

① "回忆与随感"第二篇第2页。
② 根据"回忆与随感"和《我是如何进入音乐之门和为什么选择了音乐史研究和教学之路》整理。
③ "回忆与随感"第二篇第4页"我的早年生活和二位音乐启蒙老师:胡幽文、范艺"。

音乐史知识。因此,她的音乐课是我那时最喜欢的课程"①"讲课简练清晰,学识广博,教唱、弹琴技能全面,还会指挥和善于组织课堂授课的重点和层次"。胡老师在课堂上教授过声乐、基本乐理以及作品赏析,给汪先生留下深刻印象的是中外经典音乐作品的赏析,如贝多芬《月光奏鸣曲》的演奏和讲解,课堂上学唱赵元任、黄自的作品,接触了19世纪早期浪漫主义作曲家舒伯特、门德尔松等的音乐。"我不仅学到了许多我国从20年代以来的,以赵元任和黄自为代表的优秀歌曲,还开始对欧洲的音乐大师的音乐有了初步的了解。"②

胡幽文老师课余之外组织了一支男声"苏州青年合唱团",据赵宋光先生回忆,他曾经担任合唱团的钢琴伴奏。汪先生回忆,1943年春,在胡幽文老师的带领下,他与几位同学一起观摩了她指挥的"苏州青年合唱团"参加的全市歌唱比赛,印象深刻。欣赏了必选曲目赵元任的《上山》《也是微云》,排练曲目赵元任的《海韵》、黄自的《长恨歌》等,感慨"这一年的音乐课,仿佛给我打开了一个真正深远新鲜的音乐世界"。

汪毓和先生始终得到胡幽文老师的无私指导和帮助,他们建立了深厚的师生友谊。

1947年,汪毓和先生中学毕业,最初准备到上海商业储蓄银行当实习生寻求出路,但是在二哥的影响下他改变了主意决定报考音乐院校,从事专业的音乐工作。刚好胡幽文老师在上海居住,为了报考"得找个老师正式提高自己的钢琴演奏能力,当时唯一的可能,也就是主动上门恳求胡老师给予辅导。胡老师热情地接待了我,并表示愿意给予支持,她初步了解了我的实际音乐水平,为我制订了学习计划"。就这样,两年间,每两周学一次,他较系统地学习了《哈农》《二三部创意曲集》以及海顿和莫扎特的《奏鸣曲》等曲目,"当时是否应交学费,我压根没想,她也没有提。每次我去她家上课,她都认真耐心地教我如何识谱、运指、掌握节奏、注意句读和分段练习等"。③ 1949年在上海报考北京师范大学音乐系和国立北平艺术专科学校音乐系时,胡老师还专门为汪先生选定

---

① 胡幽文又名胡素莲,音乐家陆修堂的原配夫人,也是著名声乐家张权教授的启蒙老师。
② "回忆与随感"第二篇第4页。
③ "回忆与随感"第二篇第4页。

了考试曲目,并督促练习。巧合的是在同考点(7月份)汪毓和先生与原"艺声歌咏团"的钢琴伴奏赵宋光先生相遇,并同时考上了北京的院校,从此走上系统学习音乐之路,开启了音乐事业的新篇章①。

另一位恩师是范艺。相对于胡老师,汪毓和先生与他接触的时间较短,但是,范艺老师是他青年时期音乐实践活动的推荐人。1944年汪毓和先生考入"汪伪"时期江苏省政府办的公立学校"江苏省教育学院附设师范学校",遇到了恩师范艺——这所学校的专职音乐老师,"是一位说话平缓、气质文静、酷爱中外近代音乐的中青年老师"②。学校性质属于"日伪"公立学校,但是他在课堂上却从来没有教过日本歌曲和当时流传很广的"时代歌曲",而是教赵元任和黄自的艺术歌曲、西方的经典合唱歌曲,以及自己创作的中国古典诗词歌曲,"他根据宋代著名女词人李清照的名篇所谱写的歌曲,就优美深情,使我们久久难忘,当时学校好多同学都对音乐产生了浓厚的兴趣,还课外自发地进行合唱的排练,吸引了附近学校的同学参加"③。范艺老师为创办的合唱团起名"艺声歌咏团",他担任指挥兼团长,汪毓和姐弟是创团的骨干,在学校幼儿园里的大教室经常排练,排练之外范老师还和同学们畅谈音乐理想,这对汪先生影响很大,"经他创办的'艺声歌咏团',后来也在苏州地下党组织的影响下,成为传唱抗日战争以来大量进步歌曲(包括相当数量苏联歌曲和优秀民歌)的中心。'艺声歌咏团'不仅在推进当时苏州的进步学生运动和苏州新中国成立初期的文艺运动中发挥了不小作用,也成为我们许多团员日后走上革命音乐道路的一个'摇篮'(有关情况除了保存在苏州博物馆中陈列外,还在文化部'党史'办的'新文化史料'中有专文刊载)"。

三、汪毓和先生青年时期在苏州的音乐活动

汪毓和先生青年时期的音乐实践活动是围绕苏州"艺声歌咏团"的创建和发展实施的,也是先生非常重视的一段人生经历,他在正式出版和发行的文献中经常回忆,可见这一段历史对他的意义。

---

① "回忆与随感"第二篇第5页。
② 根据"回忆与随感"第二篇第6页整理。
③ "回忆与随感"第二篇第7页。

"艺声歌咏团"创建于抗日战争末年,虽然属于民间自发组织,但持续的时间很长,主要存在于1944年至1949年的抗战即将胜利以及中华人民共和国成立前夕的转折时期。它是近代苏州最有影响力、参加人数最多的歌咏团和社会团体(最多时达上百人)。团员主要是青年学生和青年教师,后来许多团员成为推动中华人民共和国音乐事业发展的骨干,如中央音乐学院的汪毓和,沈阳音乐学院的胡幽文,天津音乐学院的王进德和刘诵芬,中央民族学院的宋承宪,广州音乐学院的赵宋光和吕培生,中国音乐学院的李华瑛,海政文工团和浙江省歌舞团的沈苏菲、沈铁侯姐弟,以及在基层工作的苏州木渎中学校长汪毓萍,苏州文联和党校校长夏锡生,苏州实验小学校长潘毓秀和胥公义、施辉老师等,以及台湾师范大学音乐系的范俭民教授,可以说它的影响力是恒久的。

1.围绕"艺声歌咏团"的组织活动

汪毓和先生全程参加了"艺声歌咏团"的创建和后期的音乐活动,直到1949年北上读书离开。在《我是如何进入音乐之门和为什么选择了音乐史研究和教学之路》《刘雪庵先生及其音乐成就》《对江文也"林庚抒情歌曲集"的简要评述》以及他的"回忆与随感"等文章中介绍了许多与其相关的历史细节,其中在《中国近现代音乐史(第三次修订版)》的"国统区"的音乐生活和音乐建设(252页)一节中,他论述道:"在大、中城市中,进步的音乐工作者和广大群众还开展了形式多样的'反饥饿、反内战'的音乐活动等。特别是在蓬勃高涨的各地学生运动中,进步歌咏活动(如……苏州的'艺声歌咏团'等)曾对团结当地的进步群众起了不小的宣传鼓动作用。"这段文字与"艺声歌咏团"的活动和内容吻合,是汪毓和先生早年亲身经历的有感而发。

范艺老师建团的主旨是"出于引导学生抵制沦陷区社会上各种流行音乐和反动政治文化的影响"。汪毓萍老师在《我与苏州"艺声歌咏团"》中也有介绍,建团之初范艺老师亲任团长和指挥,还负责选拔队员和教材,包括"需要的经费,购买纸张、油印歌谱等,全是范艺先生承担的","汪毓和负责团务,谈理元、汪毓萍等组成歌咏团的核心'干事会'",钢琴伴奏则由教会学校的学生王进德担任。不久范艺老师离开学校到解放区从事革命工作,临行前将整个团托付给了汪毓萍、汪毓和和王进德,汪毓和先生当时还是15岁的初中生,担负起"艺声歌咏团"的组织和发展工作。"分工：对外出面联系、交涉、发展委员，由汪毓和与王进德负责，再联络几个人共同去做；对内，诸如组织工作、印刷、经费等事项由我负责。我担任小学教员，有能力支付需量不多的费用"①。

该社会团体从最初自发，到不断壮大和成熟，见证了汪毓和先生运筹帷幄的能力。作为一个民间音乐团体，"艺声歌咏团"面临排练和演出场地、宣传、经费以及自身音乐修养的提高等诸多问题，作为合唱团的"外联"和"发展"工作的负责人，汪毓和先生为此做了许多具体工作。

联系排练场地。"艺声歌咏团"最初的排练场地设在初创时期的"江苏省教育学院附属师范学校"小学部中的幼儿园，抗战胜利后汪伪政府开办的学院被撤销。汪先生联系到胡幽文老师，临时在她任校长的苏州女子师范学校短暂活动。汪先生的老家(吉由巷20号)成为主要的临时排练场地，并兼印刷宣传资料场地和团址，后来又辗转到团员许君鲸、沈苏菲的家里活动，随着歌咏团人数的增加，场地受限制，汪先生联系了"苏州基督教乐群社"礼堂和"苏州基督教青年会"二楼活动室作为新的排练地点。"我们'县中'的高班同学夏锡生，帮助联系到'文心图书馆'的一位干事许君鲸家去练唱，他家有一架钢琴和可以容纳十几个人唱歌的小房间……"②，"1946年年初，得知苏州基督教'乐群社'除了礼拜仪式外还开放礼堂举办一些音乐活动，就联系到原来胡幽文老师的'苏州青年歌咏团'的钢琴伴奏赵宋光，就是赵宗福牧师的儿子，我就向赵牧师请求能否接纳我们每周礼拜下午到那里排练，非常幸运我们得到了赵牧师的同意，找到了非常理想的练歌地点，同时又得到了赵宋光与王进德一起担任我们的钢琴伴奏"③。赵宋光教授回忆：父亲当时在"乐群社"担任牧师，自己担任过"艺声歌咏团"的钢琴伴奏，曾经和汪毓和先生一道参加过演出，演唱过贺绿汀的《垦春泥》、苏联合唱歌曲《我们大家都是镕铁匠》等作品。④

为提升歌咏团的音乐修养，汪先生邀请过胡幽文老师指导和排练，此后还有宋承宪老师，景海女子师范学校的吕培生老师，上海著名歌唱家黄飞然，苏州

---

① "回忆与随感"第一篇第1页。
② 汪毓萍.我与苏州"艺声歌咏团"[J].苏州史志资料选辑,2006(31):284.
③ "回忆与随感"第一篇第2页。
④ "回忆与随感"第一篇第3页。

女子师范学校的刘明义老师,音乐家郑桦、李伟才、车健、王及伦等前来指导。举办音乐欣赏活动,如邀请南京中央大学教英语的王教授演奏小提琴,曲目包括萨拉萨蒂的《流浪者之歌》;刘明义老师举办内部独唱音乐会;登门邀请苏州国立社会教育学院的刘雪庵教授定期前来开设"唱片欣赏会":"1947年我们歌咏团星期天下午进行排练时,一位满头灰白的老教授也来听我们的排练,排练结束后,经介绍才知道他就是刘雪庵教授。……当时我们歌咏团除了每周排练合唱外,还不定期举办'外国古典音乐唱片欣赏会'。后来我作为歌咏团的副团长曾专程到他家拜访,目的是想请他给我们的唱片欣赏活动做讲解",刘雪庵先生满口答应,并根据汪先生家收藏的唱片目录选择了播放曲目,撰写了曲目的简要说明。[①] 夏锡生老师保留有当时的"节目单"(表1 "艺声歌咏团"音乐欣赏会节目单):艺声歌咏团、青年会联合举办,"蓄音片音乐欣赏会(二)",日期(一月十二日下午四点),地点(北局青年会二楼会议室)。

---

① 赵宋光教授的回忆。

表1 "艺声歌咏团"音乐欣赏会节目单

1.管弦乐合奏 《D短调托卡塔与赋格》 (Toccata and Fugue in D Minor Stokoursky)	Bach
2.洋管、大提琴及胡扬琴三重奏 《慢板与轻快板》(Adagio and Allegro)	Handel
3.力哥来妥歌剧之咏叹调 a.男中音独唱 《水性的女人》(La donna Mo-bile) b.女高音独唱 《最可爱的名字》(Caro Nome)	Verdi
4.小提琴独奏 《如歌的慢板》(Andante cantabile)	Tchaekowsky(应该是Tchaikovsky)
5.管弦乐合奏 《未完成交响曲》(Unfinished Symphony)	Schubert
休 息	
6.管弦乐合奏 《土耳其进行曲》(Turkish March)	Mozart
7.钢琴独奏 《月光奏鸣曲》(Moonlight Sonata)	Beethoven
8.管弦乐合奏 《玩具交响曲》(Toy Symphony)	Haydn
—The End—	

"艺声歌咏团"积极联系苏州其他社团扩大影响,曾经与"文心图书馆""清华制片厂乐队""吴平国乐团"和苏州"国立社会教育学院"[①]等合作演出。为了扩大宣传和影响,还编辑和印制了歌谱以及刊物,包括歌曲集《民歌》(一、二、三册)、《艺声通讯》以及刘雪庵教授撰写的"唱片欣赏介绍"等油印材料。夏锡生先生是汪先生的同学和朋友,最初是"文心图书馆"的成员,后来加入"艺声

---

① 汪毓和.刘雪庵先生及其音乐成就——为纪念刘雪庵先生诞辰100周年而作[J].人民音乐,2006(1):42-45.

歌咏团",成为活动骨干,担任过副团长,他擅长绘谱和刻制钢板,"艺声歌咏团"的刊物和曲谱均出自他之手。夏锡生老师还保留了三册《民歌》曲谱,曲目包括:第一册42首,有《马车夫之歌》《掀起你的盖头来》《在那遥远的地方》《走西口》《绣荷包》《扁担歌》、沙梅曲《打柴歌》等;第二册约30多首(不完整),有《木马歌》《农谣》《数蛤蟆》、陶行知词张文纲曲《摩登侵略》、宋扬词曲《古怪歌(二声部)》、男女声二重唱《五月太阳似火烧》、牧人词吕骥曲《开荒》等;第三册32首,各地民歌以及创作歌曲,有《苏拉班捷》《蒙古牧歌》《想亲娘》《小朋友》《小先生》《目莲救母》、吕骥曲王震之词《大丹河》、费克曲明之词《五块钱》、宋扬词曲《苦命的苗家》、宋扬词曲《读书郎》、郁又曲放平词《闹元宵》、贺绿汀曲荒草词《烧炭山歌》、刘先理曲荻帆词《牧羊姑娘》和谷岷曲《为着一粒米》等。

2.参加"艺声歌咏团"的演出活动

"艺声歌咏团"初创时期没有正式的演出,抗战胜利后几次标志性的活动开创了歌咏团在苏州音乐界的影响,演出活动都与20世纪40年代进步学生运动相关,曾引起行政当局的怀疑、调查和阻止。汪毓和先生在《中国合唱音乐发展概述》一文中曾对这段时期的歌咏团活动做了论述,"中国合唱音乐发展的这一百年的进程,都处于中国近代历史上政治斗争、社会变动最激烈的时期。作为同中国人民政治生活联系密切的中国合唱音乐的发展,在一定程度上讲,也是社会政治变革一种曲折的反映"。"民主革命时期,由于城乡群众歌咏活动及院校学生业余歌咏活动是人民音乐生活的最普遍的形式,合唱音乐在我国各类音乐创作中仍占相当重要的地位"。"艺声歌咏团"的活动就是围绕上述主题开展的。

1946年春,为"文心图书馆"筹措经费,在基督教"乐群社"礼堂,"艺声歌咏团"举办了第一次市级公演,演出形式包括男女声独唱、合唱和钢琴独奏,曲目包括赵元任的《海韵》《教我如何不想她》,黄自的《抗敌歌》《旗正飘飘》《点绛唇》,以及部分欧洲古典、浪漫时期的声乐曲和钢琴曲,赵宋光和王进德老师也参加了这次演出。

1947年秋,"艺声歌咏团"为"苏州学联"(学生进步组织)募捐公演,准备排练延安的歌舞剧《农村曲》,团员们热情高涨,自备演出服,一切准备就绪,门票全部售罄,引起社会各界的关注,但谁料演出时遇阻,军警突然来到现场宣布城防司令部"禁演和退票"的通令,称"艺声歌咏团"是非法组织,必须正式向社会局进行登记备案。为了避免禁止活动的困境,汪毓和先生联系到团员童英可的丈夫苏州基督教青年会总干事陈佩德,在他的帮助下,歌咏团临时改名称为"苏州青年会艺声歌咏团",这样歌咏团得到保护,又在"青年会"获得了较好的排练和演出条件,活动室有容纳百余人的座位,配有一架钢琴。同年冬天,在"青年会"一楼的剧场,"艺声歌咏团"为筹集经费再次举办公演,演出曲目有陆云的《插秧摇》、舒模的《大家唱》、黄自的《国旗歌》和《目莲救母》,以及部分苏联歌曲和欧洲传统合唱曲等。

1948年春,"艺声歌咏团"与"清华制片厂乐队"合作在苏州振华中学(汪毓萍当时在此任教)礼堂联合举办了"民歌演唱会"。"艺声歌咏团"承担声乐部分演唱,"清华制片厂乐队"伴奏(李伟才编配),曲目包括王洛宾、戴爱莲等改编的《在那遥远的地方》《康定情歌》等民歌,以及国统区流传的《你这个坏东西》《茶馆小调》《古怪歌》《山那边呀好地方》《民主是哪样》《别让它遭灾难》《团结就是力量》,还有解放区崔牛(乔谷)的《朱大嫂送鸡蛋》等歌曲。

1949年"艺声歌咏团"与"吴平国乐团"合作在青年会边上的小公园和开明戏院举办了"庆祝新中国成立的歌舞晚会","艺声歌咏团"负责声乐和舞蹈的表演,汪毓和先生负责舞蹈曲目的配器,舞蹈由王嘉祥(国立社会教育学院老师)、庄严(育才学校的教师,也是歌曲《农作舞曲》的作者)两位老师协助编排,钢琴伴奏由王进德负责;民乐团由二胡演奏家陆修堂指挥;路过苏州的"三野文工团军乐团"还临时加演了几首军乐吹奏曲目,盛况空前。①

从这些歌咏活动看,"艺声歌咏团"的演出形式丰富多彩,有独唱、合唱以

---

① "文心图书馆"是自发创办的组织,苏州图书馆的前身,创办人为胡石牧,许多成员是中共地下党员,部分成员加入"艺声歌咏团",如夏锡生、许君鲸等;"清华制片厂乐队",据汪毓和先生介绍,它原是伪满时期"满洲国宫内府"的管弦乐团;苏州"吴平国乐团"1929年成立,是苏州历史最悠久、影响最大的业余国乐团;苏州"国立社会教育学院"原是1941年8月在重庆后方成立的一所成人教育高等学府,1946年9月内迁到苏州拙政园,当时设有艺术教育系,下设音乐、戏剧和美术组。

及钢琴、小提琴独奏等,演唱曲目也很广泛,涵盖了以赵元任为代表的20世纪20年代创作的艺术歌曲、合唱歌曲;以黄自为代表创作的"学院派"优秀独唱以及合唱作品;也有当时流传很广的王洛宾、戴爱莲"新编"的民歌改编曲;解放区的《农村曲》和国统区的《古怪歌》等;同时还包括苏联歌曲和欧洲传统的声乐曲目和钢琴作品。① 另外,据李华瑛老师回忆,她曾作为苏州国立社会教育学院的学生,②与"艺声歌咏团"部分成员在拙政园一同排演冼星海的《黄河大合唱》。这些在近代非专业的歌咏团中是不多见的。

四、结　语

2010年"中国音乐史学会"第十一届年会在厦门召开,笔者曾请教汪毓和先生,先生谈及了他早年在苏州的情况,促使我日后整理这一段历史。为此笔者拜访了汪先生的亲属陆振岳教授、蒲方教授以及早年和汪先生一起参加苏州"艺声歌咏团"活动的儿时伙伴赵宋光、李华瑛、夏锡生、潘毓秀、胥公义、王进德、刘诵芬和施辉等老师,并试图从他们的记忆中去重新呈现这一段历史,以此来纪念汪毓和先生。

汪毓和先生青少年时期主要生活在苏州,受环境和家庭的影响开始喜爱音乐,尤其是兄长姐姐的引导,激发出他的音乐热情;清末民初的苏州是一座音乐文化底蕴深厚的城市,遗存下来的苏州评弹、昆曲、民间合奏依旧在里巷中、戏院里上演,而近代基督教的传入,使得苏州基督教教堂和教会学校林立,带来了新的音乐文化,二者相得益彰,渲染了古城的音乐氛围;废除旧学开办新式学堂的过程中音乐成为学科之一,启蒙了无数的近代青少年,汪毓和先生身处其中必然受益。

汪毓和先生的音乐求索之路是坎坷的,他所经历的青少年时期是苏州乃至国家社会政治环境最动荡的转型时期,从抗日战争到中华人民共和国成立,再加上家庭生活的变故,可以想象一位年轻人要实现自己的音乐梦想是何等的困难,好在音乐的启蒙之路上,汪先生时常获得家人的支持、鼓励和良师益友的帮

---

① 以上几次"艺声歌咏团"的代表性活动,根据汪毓和"回忆与随感"以及汪毓萍《我与苏州"艺声歌咏团"》的文章整理。

② 李华瑛老师1948年考入苏州国立社会教育学院国语专修科,后来成为应尚能先生的学生,一直在音乐组听课,20世纪80年代曾任中国音乐学院副院长。

助,最终凭着自己的执着和努力打开了通往专业音乐学习之路。

从汪毓和先生青少年时期成长的音乐环境、音乐启蒙和参加的音乐实践活动中看,汪先生接触的音乐风格是多元的,有西方宗教音乐和经典音乐、中国固有的传统戏曲和民歌、"学院派"风格的作品以及进步的"新音乐",也包括当时流行的"时代歌曲",甚至街头里巷广东小贩的"货郎声",可以说他广泛借鉴和汲取了中国近代的音乐文化,没有排斥任何一种音乐风格的吸收和学习。

当然,围绕苏州"艺声歌咏团"的音乐活动,才是汪毓和先生青年时期最重要的一段人生经历,所以在他的文献中这段经历被反复回忆和整理。从亲属的口述中了解到,在北京汪先生每年都会与宋承宪、陈宇明、李华瑛老师定期聚会;生前多次往返于北京和苏州之间,同他早年"艺声歌咏团"的伙伴相聚;尤其在2012年4月,将自己早年在苏州的音乐活动,写成"回忆与随感"求证(许多内容涉及苏州"艺声歌咏团")于一起参加活动的老同志,听取他们的建议,进行校对。这段历史对于汪毓和先生尤其深刻,正如汪毓和先生说的"我对中国近现代音乐史的许多认识,又是与自己过去从40年代参加学生运动和当时进步歌咏活动是有联系的"[1]。

---

[1] 汪毓和.关于"重写音乐史"——读《"重写音乐史":一个敏感而又不得不说的话题》之后[J].音乐艺术,2001(2):78.

汪毓和音乐史学中运用唯物史观的理论与实践研究①

程兴旺

（星海音乐学院　广东　广州　510500）

摘　要：

　　汪先生作为中华人民共和国第一代运用唯物史观研究中国近现代音乐史学的开拓者，自20世纪50年代从事中国近现代音乐史学科建设起，始终坚守唯物史观为根本史观，从"传模开拓、返本开新、反思超越"三个阶段，坚持以人民、实事求是、唯物辩证法为主体的综合研究法。深入广泛探索，以丰富的史学成果和卓有成效的贡献，体现了中国音乐史学研究中唯物史观的理论与实践历程。掘进了唯物史观之于中国音乐史学的人本价值维度，推进了唯物史观在中国近现代音乐史学中的中国化发展，积淀了中国音乐史学建设运用唯物史观的"中国经验"。

关键词：

　　汪毓和　中国近现代音乐史学　唯物史观理论与实践

　　如果说1959年是中华人民共和国第一代中国音乐史学者自觉以唯物史观

---

①　教育部人文社会科学规划基金项目"1978年以来中国音乐史学中唯物史观的理论与实践研究"（项目批准号：19YJA760009），本论文属于该课题阶段性成果。

为指导，创建中国近现代音乐史学科的纪年，那么今年（2019年）就是其甲子之大年。① "却顾所来径，苍苍横翠微"（李白诗句）。汪先生作为该学科主要开拓者、亲历者，始终坚持唯物史观，辛勤耕耘，硕果累累，著作等身。今年恰逢汪先生诞辰90周年，进入其史学"田野"，回顾其史学研究中唯物史观的理论与实践，追寻其思想性历程，是全面总结其史学成果的必要，是深度研究其正确运用唯物史观方法论的必要，一定程度上也是推进唯物史观之于中国近现代音乐史学建设发展的必要。为此，不揣谫陋，抛砖引玉。

一、传模开拓：运用唯物史观的初步尝试阶段（1949—1977年）

1949年到1977年，这是中国理论界以"教科书模式"系统理解掌握马克思主义哲学基本原理的时期，尽管深受苏联马克思主义理论影响，但在中国实践和思想资源基础上，马克思主义实现了广泛深刻的中国化、大众化发展。② 正是在这样的马克思主义理论大背景下，汪先生从1949年学生时代开始学习接受马克思主义毛泽东思想，到1955年接受著名马克思主义音乐史学家哈利·歌德斯密特教授指导③，到1977年止，在理解掌握"教科书模式"马克思主义理论基础上，坚持唯物史观指导，推出了富有时代特色的史学成果。

1.尝试运用经典唯物史观的社会发展规律指导中国近现代音乐史研究

经典唯物史观认为，人类社会发展是有规律的，其根本原因是"生产力决定生产关系、经济基础决定上层建筑"，阶级斗争是推动社会历史发展的根本动力等。年青的汪先生尝试运用这些基本观点指导自身史学研究，主要体现于1959年他正式开课的讲义中（该讲义作为中国近现代音乐史教材，于1964年铅印出版，内部发行）。该讲义以中国历史阶段划分为依据（以1919年为界）、

---

① 汪毓和："1959年，在中国音乐家协会、中央音乐学院中国音乐研究所直接领导下，组成了由各高等音乐院校（上海音乐学院没有派教师参加）有关教师参加的'中国近现代音乐史'编写组（组长为李佺民，副组长为汪毓和）。该组以不到一年的时间，集体编订了一套《中国近现代音乐史纲要》（共分五编、内部油印本）及一套还比较丰富、实用的《中国近现代音乐史参考资料》（共约二十分册、油印本）。与此同时，在中央音乐学院、上海音乐学院，也各自编写了试用性的教材初稿。"（汪毓和.音乐史学研究与音乐史学批评[M].北京：人民音乐出版社，2009：35.）

② 郭湛，刘志洪，曹延莉.新中国70年马克思主义哲学成就与思考[N].光明日报，2019-07-29（15）.

③ 附注：1955年冬，根据中德文化协定，东德派来一位以运用马克思主义理论研究音乐史学的著名学者哈利·歌德斯密特教授，讲授有关"德国音乐历史发展"的专题，地点设在武汉"中南音专"内。汪毓和.音乐史学研究与音乐史学批评[M].北京：人民音乐出版社，2009：480.

对重大音乐历史现象的关注点、重要音乐家的遴选确定,以及其评论观点和反映出来的评价标准与原则,都体现了汪先生在借鉴的基础上转化运用唯物史观的探索。其中,当然有政治化的历史局限,但集中体现了汪先生尝试运用唯物史观最初开创中国近现代音乐史学的认知水平。

2.尝试以"人民为主体"标准,评价音乐作品和历史人物

我们知道,经典马克思主义者,对劳动群众深切同情,致力于解决社会现实问题,认为国家应代表人民的利益,以推进人的解放,以致最终建立人的自由全面发展的理想社会。可见,以"人民为主体"是唯物史观价值指向的根本,是认识社会历史发展的基准。汪先生尝试执守于此进行史学研究,也体现于当时音乐创作的评论中。他1957年撰写的《我国歌剧艺术的第一个里程碑——关于〈白毛女〉的分析和评价》,作为一篇献给苏联中央历史研究所的、为庆祝中华人民共和国成立十周年而拟结集的长文,运思缜密,史论结合,尝试从"人民为主体"的标准出发,清晰给出:"一个作曲家能不能在进行自己的艺术创造时承认人民的审美习惯,运用人民喜爱的形式,这也是作曲家能否把自己的艺术为人民服务的一种表示。"他也以此为标准评判《白毛女》"话剧加唱"的合规律性问题。他说:"如果为了真实地反映人民生活的某些方面,发现用说白可能比用音乐更为合适些,那么为什么不能用说白而非要全用音乐呢?"① 可以说,该文从《白毛女》歌剧题材、体裁、结构的诠释,到音乐形态的深入分析,从微观具体到宏观抽象,清晰地体现了汪先生以"人民为主体"的评判标准。汪先生在评论优秀作品时,甚至在标题上直接体现,如以《内蒙古人民英雄的颂歌》②为题,撰文充分肯定交响诗《嘎达梅林》(辛沪光作曲)的艺术价值。他也在当时的"轻音乐"论争中大胆指出,生活在新时代的广大群众内心世界比过去任何时代要丰富广阔得多,这就要求艺术家们把艺术为政治服务理解得宽广和深刻一些,要更丰富多彩地去反映现实生活,这是关系广大群众精神生活需要的大问题,我们应当重视它。③ 可见先生心系大众之深情。

---

① 汪毓和.我国歌剧艺术的第一个里程碑[J].音乐研究,1958(6):32.
② 汪毓和.内蒙古人民英雄的颂歌——谈交响诗"嘎达梅林"[J].人民音乐,1959(10):89.
③ 汪毓和.音乐史论新选[M].北京:中国文联出版公司,1996:37-39.

3. 尝试运用辩证思维方法从事史学研究，多角度渗透史学成果逻辑建构中

他在《民族风格与地方风格》中从辩证关系视角进行分析研究，指出不能把民族风格与地方风格等同起来，也不能将其对立起来，它们的正确关系是相互依存、相互影响的辩证统一关系。同时，他也指出"继承与革新是辩证统一的关系"，继承的目的在于发展新的，而革新的前提则是必然以继承传统为基础。① 他于20世纪60年代初进行"三化"问题讨论时，在《究竟什么是值得我们担心的问题？》中明确指出，我们的音乐创作应该以继承和发扬民族传统为基础，适当借鉴外国经验，唯其如此，作品才能赢得群众广泛欢迎。② 而《我国歌剧艺术第一个里程碑》运用唯物辩证法对立统一规律和阶级矛盾分析法对《白毛女》歌剧艺术的深度阐释，堪称该时期的代表作。

4. 尝试从音乐出发，结合现实生活，实话实说

他评论朱工一《序曲》时，鲜明指出该作品音乐形象与现实生活距离较远、色彩性和声语言过分运用，因此，该作品优缺点明显，不能把它作为创作的新方向，也不能作为有害的倾向，若做修改，会成为好作品。③ 在评论当时几部历史革命战争交响乐时，他一方面给予充分肯定和热情赞扬，同时也从革命战争题材交响乐如何运用现有歌曲素材塑造音乐形象、如何进行整体构思、如何表现敌我之间的矛盾等方面出发，指出《保卫延安》在表现敌我矛盾时存在辩证思维不足，过多表现敌人强大、凶恶，而不是敌人注定要灭亡的前途，存在创作思维的缺陷。④ 汪先生也关注当时的音乐辩论，对偏颇观点表达鲜明态度。他在《对批评者的期望》中指出，朱之屏对《音乐是什么》一书的评论文章，不是一篇实事求是的积极的评论，它是主观主义的断章取义、攻其一点不及其余的结果。可见，汪先生在该时期密切关注现实音乐生活，关注音乐本身，真心实语话大众，客观持乐为人民。

概而观之，汪先生在该时期尝试运用唯物史观理论与方法，在刚刚起步的中国近现代音乐史学科领域，倾情初创，功莫大焉。当然，由于时代的影响，以

---

① 汪毓和.民族风格与地方色彩[J].音乐研究,1960(3):98.
② 汪毓和.音乐史论新选[M].北京:中国文联出版公司,1996:59.
③ 汪毓和.谈谈朱工一的《序曲》和关于它的两篇评论[J].人民音乐,1957(1):19.
④ 汪毓和.从几部作品谈交响乐反映历史革命战争的几个问题[J].人民音乐,1961(3):5.

及对唯物史观认识的有限,所以其史学成果必存有时代印记和历史局限。然而汪先生坚持在"教科书模式"马克思主义基本理论指导下,尝试以唯物史观为指导,以人民(工农兵)为主体,运用唯物辩证思维方法,参与创立中国近现代音乐史学科,密切结合现实音乐生活展开研究,获得了可贵的史学成果,体现了"传模开拓"的特征。

二、返本开新:运用唯物史观的探索发展阶段(1978—1991年)

1978年至1991年,在改革开放大背景下,中国理论界在继续"教科书模式"马克思主义基本理论的同时,寄情于新时期新思想新观念,在"主体性""人本主义""异化理论"等思潮下,拓展思想领域,革新思维方式,形成了以马克思主义唯物史观为主导的空前活跃的新环境。在此环境下,汪先生严肃认真重新思考自身过去的史学成果,寻求返回唯物史观之本来,创新史学研究,形成了改革开放初期唯物史观理论与实践的新图景。

1.坚持以人民大众为主体,阐释音乐工作者应有的基本认识

他说"一个严肃的音乐家应该是人民的代言人,应该自觉地站在时代斗争的最前列、抓住时代提出的最迫切的课题、通过自己的艺术创造去捍卫最大多数群众的利益和反映人民群众最迫切的愿望,这样才能使他的音乐真正深刻地反映现实生活中最本质的一面,使他的音乐能发出富于鲜明时代精神的最强音,产生强烈而广泛的、推动社会向前的客观作用"①。并指出,作为马克思主义、毛泽东思想为指导的社会主义的音乐工作者,对这一点应理直气壮地加以坚持。② 在汪先生看来,发挥艺术鼓舞激励大众的作用,培养人们克服困难、奋发向上的革命精神,这是中国音乐工作者不可推卸的神圣职责。他于20世纪80年代初在《继承、创新与民族性》中指出,一切真正有"独创精神"的音乐家,几乎起决定作用的因素都与他们同本民族的传统、同时代的需要、同群众的深厚联系分不开。③ 他在1989年回顾我国声乐创作发展四十年时也指出,要进一步推进新时期中国声乐创作发展,就要使我们作曲家发挥个人主体意识,更好

---

① 汪毓和.关于音乐时代性问题的几点认识[J].音乐研究,1983(2):23.
② 汪毓和.关于音乐时代性问题的几点认识[J].音乐研究,1983(2):23.
③ 汪毓和.继承、创新与民族性[J].人民音乐,1982(4):17.

地符合人民群众各方面需要,进行声乐创作。① 他在回顾半个多世纪中国交响乐创作时指出,要使中国交响乐创作取得更大发展,除加强"学习传统"外,应进一步加强与人民现实生活的联系,到人民生活中去寻找最新鲜的创作题材、最新鲜的音乐语言,以及表现最生动活泼的民族精神和把握最可贵的脉搏;中国交响音乐创作,无论选择什么题材、运用什么技法、遵循什么原则、进行什么创新,都必须以人民为根本点,从社会反响中检验其效果与价值,因为"一切文艺作品都是为了满足人民精神生活的需要、为了提高人民的审美情趣而体现其社会价值的"②。汪先生就是这样以笔代心,始终不懈地坚持以人民大众为中心,呼吁作曲家为人民大众而创作,以一种西西弗斯般的精神给出自己的真诚愿望。

2.探索唯物史观实事求是的精神,进行音乐史学观念的正本清源

笔者认为:"实事求是,是唯物史观的本质要求。新时期以来,在拨乱反正的形势下,中国音乐史学界首先从认识论层面进行(了)反思回归。"③汪先生密切结合自身史学研究与教学工作经验,认真回顾了中华人民共和国成立以来中国音乐史学建设,深度思考了过去由于"左"的影响而导致的矛盾问题与分歧异议,以及被遮蔽的音乐家或作品,发表理论文章《应发扬实事求是的科学学风》④,认为音乐史学研究的实事求是要注意:一是"应十分重视对第一手资料的掌握",应坚持在拥有一切有参考价值史料基础上的"史论结合,论从史出";二是在思想上要牢固树立"一分为二"的辩证观点,不断清除形而上学、片面性、简单化的思想影响;三是不同时期发生的事件是不能任意改变的历史事实,不能因时空以及研究者变化而变化。他着重指出,音乐历史问题,要还历史以本来面貌,无论是人物功过、作品高下以及事件影响好坏,都只有把它们放在各自历史条件下去观察、衡量、分析、比较,才能得出正确结论;对作曲家的评价要注意区分不同历史时期和不同方面,对历史上优秀的作品和作曲家,不管今天

---

① 汪毓和.四十年来我国声乐创作发展概况[J].中央音乐学院学报,1989(4):78.
② 汪毓和.音乐史论新选[M].北京:中国文联出版公司,1996:154.
③ 程兴旺.1949年以来中国音乐史学中唯物史观的回顾与思考[J].音乐研究,2019(4):48.
④ 汪毓和.应发扬实事求是的科学学风[J].音乐研究,1982(1):11-16.

政治形势有多大改变,都不应以今天政治形势和政策去改变以往历史,以及改变历史人物的功与过。应该说,汪先生在此不仅本着实事求是的学风,密切联系当时存在的问题,深入浅出地给予了阐释,而且本着实事求是的精神,在史学建构上,简明扼要地阐释了史学、史料、史论与史法的关系,历史现象、历史作品与历史人物的关系,历史事实与研究现实的关系,历史评价与历史时期的关系,历史主体与客体的关系等,这些关系涉及的问题,是深度关联中国近现代音乐史的事实判断和价值判断的,是一直影响着中国近现代音乐史研究的问题,不仅过去如此、本来如此,而且将来亦为如此。或许正因此,汪先生运用了告诫性语调郑重指出:"'唯政治气候为准''因人废言'或'因人立言'等等做法,同马克思主义的历史唯物主义、同党所倡导的实事求是的科学学风都是毫无共同之处的。"① 可以说,该文是汪先生在音乐史学层面对坚持唯物史观实事求是思想路线的返本性深度思考,如此密切联系史学研究,直指现实问题,直指主要矛盾,这是当时中国音乐史学同仁中不多见的学术反思,至今仍富有重要启示意义。

3. 探索运用唯物史观辩证思维,在音乐史学研究中整体"开新"

论文《四十年来我国声乐创作发展概况》②,不仅客观概述了中华人民共和国成立 27 年和改革开放初期政治艺术环境,清晰梳理了中华人民共和国成立以来的声乐创作,而且以缜密辩证思维总结了中华人民共和国成立 40 年来我国声乐创作发展的巨大成就,指出了尽管其中在"左"的思想影响下,有公式化、概念化的政治题材作品,但不能一概而论,认为所有政治题材作品都是公式化、概念化的;有的时代性很强的作品现已失去其时代意义,但决不能抹杀它们在当时历史条件下所发挥的作用以及其本身的艺术价值。论文《中国合唱音乐发展概述》③,以大篇幅,密切联系中国民主革命、社会主义建设初期和改革开放新时期发展的壮阔历程,紧密联系整个中国新文化、教育事业,结合广泛开展的群众歌咏活动,以比前期更加宏阔的艺术视野,分四个阶段进行大纵深式的

---

① 汪毓和.应发扬实事求是的科学学风[J].音乐研究,1982(1):15.
② 汪毓和.四十年来我国声乐创作发展概况[J].中央音乐学院学报,1989(4):73-78.
③ 汪毓和.中国合唱音乐发展概述[J].音乐学习与研究,1991(1):18-21,1991(2):15-22.

全面研究,并辩证地归纳出四个方面的结论,认为中国合唱艺术发展与中国人民斗争实践密切相关,它有赖于群体性歌咏活动与专业性合唱艺术事业相互补充、相互促进,在人民音乐生活中占有重要地位。论文《四十年来我国音乐理论建设的回顾》①,客观地梳理总结了各音乐学科理论建设情况,其中指出20世纪80年代以前中国近现代音乐史学研究涉及音乐家少,且深度不够;其后,更加实事求是地研究和评价音乐家,像王光祈、郑律成、丁善德、任光、贺绿汀、江文也等一大批音乐家逐渐引起重视;最后,在肯定成就的同时,也指出有许多音乐理论者自身马克思主义理论水平不高,又受非马克思主义思潮影响,使音乐理论建设受到一定影响,因此需要我们坚定地立于马克思主义立场。论文《继承、创新与民族性》,通过比较宏阔的中外音乐发展史后指出,一切音乐风格、形式及音乐的表现技法、表现体制的演变,都是在"旧"中有"新","新"中有"旧",它们既有相互对立的关系,又有相互异化的同一性。② 在此,汪先生把辩证的思维建立在坚实的历史考察基础上,使理论的抽象与实证的具体形成有机互动,使思维有根有据,使立论掷地有声。

综上而观,从1978年到1991年,汪先生在改革开放大潮中,在解放思想大背景下,一方面继续坚持唯物史观,重新审视过去,正本清源,掘进实事求是精髓,以在中国近现代音乐史学研究中实现时代性"返本"。同时,也根据"二为方针"政策,在坚持以人民为主体的观念上实现"开新",以更加宏阔的视野和坚定的信念呼吁音乐家服务人民群众,并以辩证思维分析整体历史中人物和事件的得失功过。与前期相比,该时期汪先生运用唯物史观理论思维的深度、历史评价的准确度、研究视角的广度都有新的发展。当然,毕竟是在改革开放初期,一切充满生机,却也不够清晰。因此,在汪先生运用唯物史观实现"返本开新"的同时,仍然有不少史学问题留给了后来的20年。

三、反思超越:运用唯物史观的掘进拓展阶段(1992年以来)

1992年以来,随着改革开放的深入推行,市场经济逐步全面推开并深化发展,马克思主义理论在新环境下,又孕育孵化出了新的生机与活力,特别是在马

---

① 汪毓和.四十年来我国音乐理论建设的回顾[J].人民音乐,1990(2):2-8.
② 汪毓和.继承、创新与民族性[J].人民音乐,1982(4):14.

克思主义经典的学术阐释上、在名家思想领域的深度耕犁上、在多种新马克思主义学派思想的呈现上，获得了前所未有的进步。在这样的背景下，汪先生坚持唯物史观，在"重写音乐史"论争中、在负责重大辞书编纂中、在史著改版修订中、在"评著"的建构中、在专题史的著述中、在大量音乐评论中、在教书育人中，以反思与坚守、对话与纠正、融合与创新，从理论的再梳理、史料的再考证、观点的再斟酌，到误识的再纠偏，形成了最后20年唯物史观理论与实践的多维图景。

1.继续坚持唯物史观的人民主体地位，并给予情理融合的深度阐释

他在《回顾、思考与展望》一文中着重指出，广大音乐工作者应树立全心全意为人民服务观念，深入生活、深入改革开放第一线，坚决走与广大群众相结合的道路，创作更多具有时代精神和艺术魅力的优秀作品，激发人民建设社会主义现代化热情。① 这样以人民为主体的言说，当然是严肃的观念表达，但也一定是汪先生的真诚言说。他曾坦言，自己经受过抗战中上海"孤岛"时期和太平洋战争后沦陷区的战乱生活，经历过抗战胜利后"国统区"学生运动，亲历了中华人民共和国成立后十七年的发展变化，熟悉并由衷喜爱这一过程中诞生的新音乐，也拥有真切的感受和深厚的感情，更珍惜这些新音乐中饱含的对祖国、对人民的深厚的爱。正是这些爱，唤醒了他对音乐艺术的真知，并决定了他对20世纪以来中国音乐史发展的基本看法。② 在此，汪先生以亲身经历告诉我们，他的"真知"和"基本看法"，是源于对祖国和人民深厚之爱，是镕铸于战火、革命斗争与建设中的实践。因此可以说，汪先生坚持音乐为人民大众服务，这是出于生命体验而升华的结果，是感性与理性动态融合的结晶。

2.继续坚持以人民为主体的价值指向呼吁音乐创作

1992年以来，中国专业音乐创作题材深广、体裁多样，获得了巨大发展，然而音乐创作不可否认也存在诸多问题。汪先生面对中国交响乐创作受无调性等现代西方作曲技术观念影响的现状，语重心长地指出，为了繁荣发展具有中

---

① 汪毓和.回顾、思考与展望——《在延安文艺座谈会上的讲话》发表五十周年有感[J].人民音乐,1992(5):15.

② 汪毓和.我是如何进入音乐之门和为什么选择了音乐史研究和教学之路[J].中国音乐,2003(3):50.

国特色的社会主义音乐艺术,艺术创新的根本目的,就是为了更好地创造符合"雅俗共赏"美学原则、"为人民服务"这一崇高目标的艺术。因此,一个真正负有历史使命感的作曲家应该努力使自己的艺术创造"贴近时代、贴近生活、贴近群众"①。面对严肃音乐与通俗音乐创作的论争,他在《对进一步提高我国音乐创作的感想》中,就"扬"严肃音乐与"抑"通俗音乐的现象,明确指出,一切为人民大众所写的、群众性的音乐都属于通俗音乐范畴,它不等同于庸俗音乐、娱乐音乐,我们应该辩证地看待二者关系,加以共同促进发展。值得注意的是,他该时期对"人民大众"的理解视野更为宽阔,他希望作曲家们(特别是年轻的作曲家)重视自己的宝贵传统,以更大的努力创造出新作品,贡献于奋斗在各战线的中国人民,乃至世界各地的华夏子孙。②

3.拓展唯物史观价值维度,关注音乐史中具体"人"的客观研究

以往国内史著之于唯物史观的界定,通常限于"关于社会历史发展一般规律的科学"认识论范畴,而较少涉及人(具体的人)的价值维度。③ 这反映在史学研究中就是较小关注历史个体及其在社会发展中的作用。20 世纪 80 年代中国音乐史学研究中这种情况有明显好转,但仍存在这样或那样的不足。该时期汪先生关注大量中国近现代音乐史中个体"人"的研究,并根据不同的"人"、"人"的不同时期,以及"人"同一时期的不同方面,给出全面客观评价,深度拓展了中国近现代音乐史中唯物史观之"人"的价值维度。他以"是否代表人民,是否为了人民"的标准进行评价,认为吕骥"为人民音乐事业的发展奋斗终生",马可"为人民的事业贡献终身",评价施光南为"人民的音乐家",把自己的一切都贡献于"为人民服务"的艺术劳动中。④ 他也以"是否为了祖国、是否为了音乐发展、是否为了大众音乐生活"为标准,对"人"做出更为多维的具体评价,并集中体现于著作《中国近现代音乐家评传》(上册,近代部分,1992 年版;下册,现代部分,1998 年版)之中,这部著作对中国近现代音乐史上 36 位主要作曲家,包括上册的萧友梅、赵元任、黄自、谭小麟、黎锦晖、刘雪庵等 19 位,下

---

① 汪毓和.对交响音乐创作如何更好地贴近群众、贴近生活的一些想法[J].人民音乐,2006(10):21.
② 汪毓和.对进一步提高我国音乐创作的感想[J].群言,1993(9):31.
③ 陈新夏.唯物史观与人的发展理论[M].南京:江苏人民出版社,2011:56.
④ 汪毓和.抒发出千千万万人民心声的音乐[J].人民音乐,1994(9):6.

册的贺绿汀、吕骥、马思聪、江文也、丁善德、江定仙、李焕之等17位,进行了立足于音乐创作的深入研究。可以说,该评传作为我国以音乐创作为主研究作曲家的著作,不仅从史学角度反映了中国音乐创作发展史,推进了研究深度,而且从作曲家具体成就、贡献与过失出发,给予恰当评价,而不追求标准的唯一性,一定程度上成了从微观层面拓展唯物史观价值维度、研究个体音乐家的范式。

4.进一步阐释史学研究坚持"实事求是"的必要性与重要性

在更加自由宽松的学术环境里,在更加多元化的话语空间中,汪先生始终如一坚持把实事求是作为唯物史观方法论的重要原则,加以强调。他不仅在情感实践层面强调指出,历史唯物主义的真髓就在于必须以"实事求是"的态度,对具体事物做具体分析,而且在精神追求层面指出,坚持马克思主义唯物史观的立场研究历史,就要始终不渝地坚持以科学的"实事求是"精神对待一切。[①]他还凭借自身史学研究与教学经验说:"根据多年实际工作的体会,我认为马克思主义的历史唯物主义和辩证唯物主义的理论,仍然是从事历史研究和教学的最有指导意义的思想和理论武器。它的核心就是必须坚持对历史的认识紧密联系社会的发展和时代的演变来观察,坚持以'实事求是'的精神去进行认识和描写。"[②]实践是检验真理的标准,认识是走近真理的关键,汪先生这些基于丰富史学实践基础上的认识,蕴含了真理性和科学性。

5.运用唯物史观实事求是的精神镜照自身,反思掘进

实事求是的问题,作为唯物史观的实践原则与基础,由于其与政治、经济、文化和社会有着错综关联,使所求之"是"具有隐蔽性,因而具有深刻的复杂性。在过去"左"的思想影响下,诸多看似坚持"实事求是",实则背道而驰的事件,给中国社会主义音乐文化建设的教训极其深刻。汪先生在《历史与历史著作,历史观和史学批评》中特别指出,坚持实事求是"这个问题真是说起来容易,做起来难。根据自己多年工作的体会,要做到这一点就必须多读书、多思考、多做调查研究,甘当小学生,善于向同行及后学学习,多想自己的不足,坚持

---

① 汪毓和.关于"重写音乐史"——读《"重写音乐史":一个敏感而又不得不说的话题》之后[J].音乐艺术,2001(2):80.

② 汪毓和.中国近现代音乐史学科建设的概况[J].中国音乐学,2000(1):55.

说实话、坚持懂得多少说多少,知错就改"①。汪先生是这么说的,也是这么做的。随着时代发展,随着对唯物史观理解的加深,也面对时兴的"重写音乐史"思潮,汪先生开始了更加深入的反思。著名学者钱理群指出,史学需要反思,需要深入历史的具体脉络和情境中去,揭示历史的具体性。② 汪先生的反思正是如此。从20世纪60年代开始起,他就本着"实事求是"原则,始终从历史具体性出发,不断反思自身史学认识,适时谨慎而果断地纠正自己的误读或偏识。这集中体现在他于1959年所编的《中国近现代音乐史》这本教材的不断修订中。从1964年内部版"小白本"、1984年首次公开版、1994年第一次修订本、2002年第二次修订本、2009年第三次修订本,以及2012年版《中国近现代音乐史(1840—2000)》,历时50多年,随着社会的发展,特别是改革开放以来思想观念的变化,他不断地修正著作中对历史人物和事件的识评,以求全面的真实和真实的全面,充分体现了汪先生史学研究中"实事求是"的心路历程。而宏观层面的"实事求是",则在汪先生编著最后版本中的"上、下编引论与概述""上、下编结束语"4篇长文中得到高度体现,其以精练概括、深度阐释、简明论证,深刻反映了汪先生坚持唯物史观,而总体反思自身研究之史思、史识、史法、史情。回顾中国近现代音乐史学乃至中国近现代史学历程,为一本著作,如此凭一己之力,终身修订而始终不满意的,估计唯有斯人。而也正因为汪先生的不断修订,其史著对中国近现代音乐史学影响之深远,迄今为止无人超越。

6.注重借助不同场合与不同方式澄清事实和纠正错识

对话是交流互动的纽带,直面问题的对话是达成共识的桥梁。该时期汪先生充分利用不同场合,直面自身史学研究中存在的问题进行自我剖析,实事求是地纠偏。在2001年9月中央音乐学院的"青主学术研讨会"上,汪先生说:"由于当时特殊的社会背景和自己理论水平的低下,坦率地讲,我对青主的认识是很肤浅、片面的,而且,我对他的比较直率、夸张的文风,以及有时还有些片面的论断也有一定的误解。……记得当时学校为了开展对资产阶级唯心主义音乐理论进行批判学习的活动,我还奉命编了一份材料,其中将青主归入30年代

---

① 汪毓和.历史与历史著作,历史观和史学批评[J].中国音乐,1999(1):41.
② 钱理群.中国现代文学史论[M].桂林:广西师范大学出版社,2011:369.

我国音乐界持有唯心论倾向的代表之一,摘引了他的一部分观点,当作开展批判的'靶子'印发给学生。同时,在我最初的教材中也是将他看作是30年代我国音乐界主张'为艺术而艺术'观点的主要代表,而且,还做了错误上纲的批判。"①对此,笔者曾指出:"(对于汪先生来说),如此深度的自我反思,无异于是对自我过去学术行为的鞭笞与拷问,对自身学术灵魂的审判。"②汪先生也借助报刊发表文章,澄清事实,说明问题。如关于音乐家、教育家陈洪先生的有关历史事件评价问题等。③ 至于还有个别学者指出汪先生史著与史实不符的问题(如冯长春主编《"重写音乐史"争鸣集》"代序"中所指的),我想这是自然的,因为史学根本上是历史认识的结果,对于具体史实认识问题,或许是观念性的,或许是史料性的,也或许有疏忽,然究竟何种原因,有待进一步考证,只要实事求是,想必汪先生都欢迎。可见,该时期汪先生的史学研究,本着实事求是的精神,以更加宽宏的视野和胸襟,刀刃向内,自我解剖,果断纠错,以谨慎的反思、现实的关切、心灵的真诚,让历史回归。

7.更加注重以唯物史观方法论为主体的综合研究方法开展研究

汪先生的最后20年运用唯物辩证思维进行史学理论研究,更加深入、更加广阔、更加丰富。他基于大量的史实,就艺术发展中的新与旧、中与外(西)、进步与反动、先进与保守、美与丑、个性与共性、时代性与民族性等系列问题,以及作曲技法与音乐作品艺术价值的问题,进行了深入辩证分析。其中,特别是从20世纪60年代以来就始终关注的民族性(民族风格、地方风格)与时代性问题,他不仅从唯物史观社会历史角度出发,立足于中国革命与建设宏阔的实践基础,论证了民族性与时代性的必然,而且基于人的具体生活、环境和文化,指出民族风格问题的个性与共性等关系与差异。④ 他的阐释已经从哲学维度切入了唯物史观"人"的本体层面,把真理性认识与价值性判断进行了有机结合,

---

① 汪毓和.重读青主的音乐通论[J].中央音乐学院学报,2001(4):10.
② 程兴旺.叙解融合与历史语法:汪毓和音乐史学研究的历史解释模式及其学术价值[J].音乐研究,2013(3):108.
③ 汪毓和.戴鹏海文章《还历史本来面目》读后感[J].音乐艺术,2002(4).
④ 见于汪毓和撰写的《对中国近现代音乐史研究中几个史学观点的认识》《对中国近百年音乐发展的一些思考》《关于不同民族文化、音乐的交流及其对中国近百年音乐发展的影响》《关于中国近现代音乐史的历史分期问题》等史学理论文章。

因而既是拓展掘进也是具体深化,虽然还有待全面展开,但已打下初步基础。他也注重吸收融合其他有价值的研究方法。汪先生说:"从事历史研究,我坚持认为马克思主义的唯物史观的基本立场和方法仍是至关重要的,同时也应该吸取其他一切有用的史学观点和方法作为辅助。"①他注重运用比较分析法,讲求具体问题具体分析,注意结合宏观与微观、理论与实际的互构,用"立足今天、展望未来"与"立足中国,面对世界"这种大时空坐标系,定位史学问题。他在教学中既引导学生深入学习研究马克思主义唯物史观,也引导学生研读梁启超、钱穆等名家史著。当然,对有些不同观念方法,他也启发学生认真思考。譬如,关于史学观念多元化问题,汪先生就曾告诫笔者,应慎用"多元",最好用"多样",当时自己还没有认识到这个问题的深义。今天看来,汪先生是有历史见地的。学者赵汀阳就曾严肃地指出,多元观念看似尊重了个性与差异,但本质上是一种不合作的观念。汪先生不主张"多元",应是缘于他始终坚持唯物史观"一元",他主张"多样",是因为他倡导唯物史观主导下的"多样"。他也明确反对史学研究运用"文化价值相对论"观点,因为他认为用文化价值相对论去研究世界丰富多彩的民族音乐,可能有其科学意义,但将其去解释历史和历史发展,就可能会得出错误结论。② 应该说,在学派竞相成立、方法多如牛毛的今天,汪先生的史学研究方法观念是值得我们高度重视的。

　　统而观之,汪先生最后20年,是继续坚持唯物史观,基于实事求是,不断反思自身史学成果的20年,更是在反思的过程中,历经一次次史学心灵的拷问,不断实现自身超越、掘进成熟的过程。这20年,汪先生不仅在唯物史观下,凭借亲身经历,凭借对祖国人民深沉的爱,凭借中国近现代文化艺术发展的"中国经验",在坚定自身对中国近现代音乐史发展基本看法的同时,也在具体历史中,拓宽视野,突破局限,关注具体的人与事,密切联系人与事的具体情况,更加注重运用唯物辩证法为主的综合研究法,以丰硕的史学成果促进唯物史观理论与实践的深化发展。

---

　　① 汪毓和.历史与历史著作,历史观和史学批评[J].中国音乐,1999(1):41.
　　② 汪毓和.关于不同民族文化、音乐的交流及其对中国近百年音乐发展的影响[J].人民音乐,2000(5):22-23.

四、结　语

汪先生史学研究运用唯物史观半个多世纪,经过"传模开拓、返本开新、反思超越"三个阶段,经历"尝试运用、探索发展、掘进成熟"三个时期,坚持以人民为主体,遵循实事求是的原则,操持以唯物辩证法为主的综合研究法,研究梳理了中国近现代音乐史上的音乐家、音乐创作、音乐现象等诸多问题,构建了中国近现代音乐史,为中国近现代音乐史学建设做出了重要贡献。他也注重把唯物史观所蕴含的人本价值运用于史学研究中,关注大批中国近现代音乐史上的音乐家代表,从政治、经济和文化艺术总体解释框架下,突出人的生成发展的过程性、复杂性,辩证而客观地评价了一大批中国近现代音乐家,一定程度上成为运用唯物史观评价作曲家的研究范式。总之,汪先生作为中华人民共和国成立以来第一代运用唯物史观研究中国近现代音乐史学的开拓者,50多年始终笃信唯物史观,广泛深入探索实践,以卓有成效的贡献,积淀了中国音乐史学建设运用唯物史观的"中国经验",有力地推进了唯物史观在中国近现代音乐史学中的中国化发展。

当然,"人不是抽象地蛰居于世界之外的存在物。人就是人的世界,就是国家,社会"。人的这种关系决定了人必然受国家、社会的影响。历史认识主体,作为现实世界中按照一定的价值取向,根据某种特定的需要,通过具体的认知定式,有目的、有计划、有系统地研究历史过程的人[①],其追求历史认识的目的性、系统性,必然使其带上时代烙印。汪先生及其史学研究自然难以例外。因此,他的史学研究也呈现出"从尝试到探索再到掘进"的历史发展特点。而其中1978年那带有政治化烙印的"小白本",导致汪先生后来始终牵挂于此,终生修订。这给我们留下了深刻的教训与启示。

---

① 刘爽.唯物史观与历史研究[M].北京:中国社会科学出版社,2015:210.

如果说"史学是一种生命之学"①。那么可以说,汪先生在坚持唯物史观书写中国近现代音乐史学中,谱就了自己的生命交响;如果说"写作不是'语言游戏',而是一种价值选择,这种选择将连同自己的灵魂一块给出"②,那么可以说,汪先生在中国近现代音乐史学研究中,以丰硕史学成果给出的精神追求与真诚的灵魂,就是一生永驻心间的"唯物史观"这座精神丰碑。

---

① 钱穆.中国历史精神[M].北京:九州出版社,2012:8.
② 王岳川.艺术本体论[M].北京:中国社会科学出版社,2006:63.

对高职院校中国近现代音乐史教学的探索
——由汪毓和先生编写教材《中国近现代音乐史》的出版引发的思考

薛彦景

（河北艺术职业学院　河北　石家庄　050011）

汪毓和先生编著的《中国近现代音乐史》（近代部分、现代部分）是普通高等教育十一五国家级规划教材，由高等教育出版社2005年出版。这套教材也是我为学生选定的作为高职高专音乐专业的学生所用的教材。这套教材史料丰富，可读性强。图文并茂，谱例丰富，最重要的是配有音响光盘，非常适合教学。因为在相当长的一段时期内，教授中国近现代音乐史的教师在授课过程中面临的一个困难就是音响的缺失，教师不得不花大量时间、精力搜集音响，有些作品的音响由于没有出版，教师获取困难。正如汪毓和先生在《写在教材出版之前》中写到"尤其是必要的音响资料，是多年来各地师生迫切希望得到的，要靠他们自己去找实在困难太大了"。这套教材第一版的出版时间是2005年6月，在15年前，汪先生出版的这一套教材实在是太珍贵、太及时了，像一场春雨洒遍祖国大地，解决了全国高校师生学习近现代音乐史的困难，为众多音乐爱好者带来了福音。因为音乐理论的学习离不开音乐本体的欣赏和分析，这套教材的谱例非常丰富，能与音响对照，给教学带来了方便。当我们享受教学上的便利时，一定不能忘了汪毓和先生为此付出的辛苦。这套教材的现代部分前言中写到"常常为了一份谱子、一曲音响、一幅图片我不得不从许多出版物中去寻找，或是向有关人士（特别是作者本人）去借。找到了或借来了就算是万幸，但还得通过相应的设备去进行必要的复制。其中所费的时间、精力,所费的口舌,真是一言难尽。"从文字中可以得知书中每一份谱子、每一首曲子的音响都如此来之不易,更何况是近代、现代两个历史时期。近代部分第一章至第八章收录图片49幅,收录谱例84例,乐例101例。现代部分第九章至第十三章收录图片84幅,谱例41例,乐例93例。在15年前能做到收集如此之多的图片、谱例、音响,实属不易。更难能可贵的是这些事务性的工作汪先生其实可以让学生帮忙去干,但是汪先生考虑到"学生(或编辑)都有他们自己的本职工作,我不能随便占用他们宝贵的时间和精力。何况要在这么多的资料中挑选合适的一两首代表作作为谱例、乐例,其本身就是与我的写作构思、内容布局的要求分不开的。将这些繁杂的任务随便交给他们去做,显然是不切实际、不负责任的"。从此段话中,我们可以感受到一位史学家严谨的治学态度,他在著书的各个环节上亲力亲为,为广大读者奉献了一本有价值、有深度,图片、谱例、乐例丰富的音乐史著作。从这件事也折射出汪先生设身处地为他人考虑的高尚人品。也正是由于汪先生的人品,在本套教材编写过程中"得到江定仙、江文也、吕骥、马可、陈田鹤等前辈作曲家或其家属的馈赠和帮助转录等,积累了相当一批录音、图片资料"。

  该书得到上海音乐学院的丁善德,上海交响乐团的朱践耳,中国艺术研究院的向延生,中国音乐学院的杨通八,中央音乐学院的吴祖强、杜鸣心、徐振民、杨鸿年、叶小钢、徐昌俊、黎信昌等很多中国音乐界的知名人士的热心援助;还得到了中国台湾、香港的一些友人,比如许常惠、韩国锽、张己任、林乐培、屈文中、陈永华、简巧珍等知名音乐家的帮助。他们的无私帮助是对这套教材的编写和汪先生最大的支持。

  笔者结合自己教学的实践,想谈谈在音乐史教学中利用音响的版本分析进行教学的情况。

  提高学生学习史论课的热情,提高音乐史论课程的教学效果,是笔者多年音乐史论课程教学的努力探索的目标。笔者作为高职院校的教师结合多年音乐表演专业音乐史论课程的教学经验,摸索出一条史论教学的新途径——音乐欣赏"版本"融入音乐史论教学。笔者本着立足高职院校人才培养的特点,将以往枯燥的音乐理论讲解变成直观形象的视觉享受,通过对音乐作品不同表演版本的分析与思考,提高学生的音乐鉴赏水平,让学生真正喜欢音乐,从而达到理想的教学效果。笔者认为尤其对于表演专业的学生来说,欣赏不同的演奏、演唱"版本",对专业的提高有很大帮助。汪先生出版的这一套教材非常注重对音乐本体的分析,很多作品都有谱例和音响,方便学生学习。

音乐作为一门听觉艺术,演唱家和演奏家的表演的好坏对作品的传播起着重要的作用。同样一首音乐作品,可以由不同的演唱家和演奏家进行表演,每一位演唱家和演奏家可以有着各自不同的音乐处理,这样就产生了音乐作品的不同"版本",在音乐史和音乐欣赏教学中,给学生讲解不同的版本,讲解音乐的处理,对学生的专业学习有着很大的指导意义。

一般的音乐史教学或者音乐欣赏教学,往往注重作品历史背景,作曲家情况的讲解。笔者在课程教学设置方面,力求创新。将"版本"教学引入音乐史、音乐欣赏课堂。

目前笔者所在学校的音乐史和音乐欣赏的教学主要针对表演专业的学生,所以在课程安排上一定要考虑学生的专业情况,针对声乐专业学生的情况,适当多安排声乐作品的赏析。声乐教学有专门的声乐试题库,里面很多都是音乐史上重要的作品,比如冼星海的《黄河大合唱》选曲《黄河颂》,赵元任作曲的歌曲《教我如何不想她》,施万春作曲的《送上我心头的思念》等,这些中国音乐史上的经典之作,也是声乐学习的必修之作。通过分析不同歌唱家的演唱,细致入微地对比不同歌唱家的音乐处理,不仅有利于学生的专业学习,也能让学生从视听中感受音乐史的内容。对于器乐专业的学生也是如此,在丰富的视听盛宴中感受音乐作品的无穷魅力。密切结合学生的专业,真正做到"量体裁衣"和因材施教。在音乐史教学中通过不同版本的讲解和分析,提高了学生的专业表演能力,作为理论课程的音乐史教学和学生专业课密切联系,相得益彰,提高了学生学习音乐史的兴趣。

通过音乐作品版本的讲解,可使理论课变得更加生动。"版本"教学由于课程设置新颖,密切结合学生的专业,学生从音乐史课堂上不仅学到了音乐史知识,更重要的是提高了自己对音乐作品的理解能力和处理能力。课堂上教师教给学生如何分析演唱家或演奏家的表演,教给学生如何进行音乐欣赏。

不同的演奏、演唱版本体现着演奏家和演唱家对音乐作品不同的理解,怎样忠实于作曲家的原作,这需要演唱家和演奏家丰厚的音乐修养和精湛的技巧。音乐作品的表演只有技术是不行的,但是没有技术作为前提和保障,音乐之美也无法完美体现。音乐史的学习是提高学生音乐修养的一条最便捷的路。

除了必修课程中国近现代音乐史外,笔者开设的选修课中外歌剧、音乐剧欣赏和音乐作品欣赏进一步将"版本"教学具体化、深入化。必修课程由于课时有限,不能对每一个作品做到几个不同版本的分析。而对于选修课来说,教师可以根据课程实际、学生专业来安排教学,对于重点曲目,授课教师需花费大量时间和精力,广泛收集音响资料、视频资料,进行充分地备课,通过分析演唱家、演奏家的表演,深入探讨不同"版本"之间的区别和差异,给学生分析不同"版本"的演奏和演唱形成的历史原因和客观背景。从演唱家和演奏家的角度分析音乐作品,让学生更深入地理解、分析音乐作品,从而达到提高学生对音乐作品的鉴赏能力,继而帮助学生有效提高专业演唱、演奏水平。

歌剧《小二黑结婚》(马可作曲),歌剧《刘胡兰》(陈紫、茅沅、葛光锐作曲),《洪湖赤卫队》(张敬安、欧阳谦叔作曲),《红珊瑚》(王锡仁、胡士平作曲),《江姐》(阎肃作词,羊鸣、姜春阳、金砂作曲),在这些大家耳熟能详的歌剧作品中,有一个有趣的现象,就是这些歌剧成功地塑造了一个个光辉的女性形象:她们中有优秀的共产党员刘胡兰,韩英和江雪琴,她们为共产主义事业抛头颅、洒热血;有为解放珊瑚岛做出杰出贡献的渔家女珊妹;也有普通的农村姑娘小芹。这些歌剧中的唱段《清粼粼的水来蓝莹莹的天》《数九寒天下大雪》《一道道水来一道道山》《洪湖水,浪打浪》《看天下劳苦人民都解放》《珊瑚颂》《红梅赞》《绣红旗》早已深入人心,影响了一代人。这些经典唱段不仅普通人爱唱、老少皆宜,而且也是学习民族声乐的学生必唱的曲目,还是我国很多重要的声乐比赛的必唱曲目。比如《看天下劳苦人民都解放》《清粼粼的水来蓝莹莹的天》《五洲人民齐欢笑》是中央电视台青年歌手电视大奖赛的必唱曲目。在2010年第十四届青歌赛决赛中,多位民族唱法的选手演唱了《看天下劳苦人民都解放》,比如海政文工团的陈笠笠、二炮文工团的王喆等,最后总政歌舞团的王丽达凭借对乐曲的深入理解和出色的演唱拿到了金奖。

笔者分别让学生欣赏王玉珍、吴碧霞、王丽达、陈笠笠演唱的《看天下劳苦人民都解放》，并通过这几个版本的比较与分析，让学生畅所欲言，谈谈他们的想法，说说喜欢哪个版本，说出原因。这几个版本是民族声乐几个历史发展阶段中比较有代表性的，演唱者也是民族唱法中有代表性的，笔者通过联系央视的青歌赛，使学生认识到音乐史和自己的专业以及当前热门的比赛联系密切，这样无形中抬高了音乐史在学生心目中的地位。让学生畅所欲言，此举有利于培养学生独立思考的能力，以此提高学生的音乐审美能力、音乐评论能力。

歌剧《江姐》里面有《红梅赞》《绣红旗》《我为共产主义把青春贡献》等经典唱段，课堂上教师会给学生播放著名歌唱家雷佳演唱的版本，播放第一代"江姐"——万馥香和蒋祖缋演唱的版本，播放第五代"江姐"——空政文工团王莉演唱的版本，播放歌剧电影杨维忠演唱的版本，以《红梅赞》为例，一首歌曲通过欣赏几位演唱家的演唱，给学生分析每一个版本的演唱特点，从而极大提高了学生的欣赏水平，提高了学生学习音乐史的兴趣。

二胡名曲《二泉映月》是民间艺人华彦钧（阿炳）的传世之作，课堂上笔者给学生播放了20世纪50年代阿炳本人演奏的版本，二胡演奏家闵慧芬演奏的版本，宋飞演奏的版本等。这几位演奏家的演奏是这部经典佳作在不同历史时期演奏的代表，展现了《二泉映月》的不同风格特征。通过几个版本的分析与讲解，可提高学生理解音乐、处理音乐作品的能力。

《黄河钢琴协奏曲》是我国近现代音乐史上家喻户晓的钢琴作品，对于这样一部大家广为熟悉和喜欢的音乐作品，我们需要关注的是作品在演奏风格上的区别。给学生播放殷承宗的演奏版本、石叔诚的演奏版本，以及青年钢琴家李云迪、郎朗的演奏版本。这几位钢琴家的演奏既有时代特点又体现了演奏家自身的风格。

结　语

目前艺术类高职高专的音乐史教材在版本教学上还未涉及，笔者希望在这方面的探索能为我国艺术类高职高专的音乐史教学开辟出一条新路。笔者认为版本教学更有针对性，因为音乐欣赏强调的是感官体验，是感性，有了感性，理性的学习才更深刻。这样的教学过程突出学生能力的培养，体现了音乐理论服务于实践的学习目标，也更贴近高职艺术教育的需要。

版本教学的目标是突破高校音乐理论教学的瓶颈，让音乐理论的学习不再枯燥，不再是传统的死记硬背，不再是以单纯的应付考试为学习目的，而是以欣赏音乐、感受音乐为起点，以版本教学为突破点，以中国音乐史、西方音乐史等理论课程为载体。

中国近现代音乐史上有很多可歌可泣的音乐家，他们成长的经历值得我们学习、研究，他们成功的经验值得我们继承、借鉴。我们每一个人都是历史长河中的小小一份子，我们也在经历着历史，感受着音乐带给我们的喜怒哀乐，让我们真正能从音乐史中学做人，从音乐史中学做事，从音乐史中学专业，从音乐史中感受人生的苦辣酸甜。

参考文献：

［1］汪毓和.中国近现代音乐史［M］.北京：人民音乐出版社，2002.

［2］汪毓和.中国近现代音乐史·近代部分［M］.北京：高等教育出版社，2006.

［3］汪毓和.中国近现代音乐史·现代部分［M］.北京：高等教育出版社，2006.

［4］汪毓和.中国近现代音乐史教学参考资料［M］.西安：世界图书出版公司，2000.

［5］刘习良.歌声中的20世纪：百年中国歌曲精选［M］.北京：中国国际广播出版社，1997.

授业三年　教诲终身
——记导师汪毓和先生

游红彬

（中央音乐学院　北京　100075）

摘　要：

本文回顾了跟随导师汪毓和先生最后三年的学习生涯，讲述了汪毓和先生在"缘何从事中国近现代音乐史""如何进行中国近现代音乐史的研究"两个议题上对作者的引导与教学活动。

关键词：

中国近现代音乐史　史料分析

2010年，对于我来说是一个需要永生铭记的幸运吉祥之年，因为这一年我如愿考回了中央音乐学院，成了汪先生的学生。至今，我仍旧能够感受到当时轻松愉快的心情。只是快乐的时光总是短暂的，转瞬即逝的三年后，先生已经作古。先生留给我的记忆不多，我想起最多的是那堆满了书籍的方寸空间，是那金丝雪茄悠然弥漫于空中的香气，是我们争论不休时先生弯弯的眼睛和长长的眉毛……先生是学界泰斗，和先生学做学问的三年，也是跟随先生学习做人、学习做事的三年，只是愚钝如我，当时虽有满腔热情，但是很多事情并不解其究竟。十年过去，细细想来，先生给予我们师兄弟的教诲和帮助是呈体系的，包含着我们未来可以自我延续的学习方法。

一、缘何从事中国近现代音乐史

于困境中,我曾问先生:"我们为什么要学音乐学?我们为什么要做中国近现代音乐史?"先生对我说:"因为我们爱着我们脚下的土地,我们爱着这片土地上的人民。"后来,我在2003年《中国音乐》第三期上看到了先生发表的一篇文章《我是如何进入音乐之门和为什么选择了音乐史研究和教学之路》。与同时代的很多前辈一样,先生走入音乐之门,也是源自幼时对音乐的爱好。在1941年"太平洋战争"爆发前,少年时的先生每星期天的上午,都随同哥哥姐姐到"附近的大光明电影院,去听当时驻守在上海的美国第四舰队海军陆战队军乐团在那里做礼拜前的音乐演奏"[1]。可能因为那时的经历太愉快了,以致他后来回到苏州进入中学的时候,非常认真地随同"一位很有修养的音乐老师胡幽文"学习音乐。初中毕业后,又在江苏省教育学院附属师范学校跟随音乐老师范艺学唱了很多中外名曲,并参加了后来在苏州民主运动中很有影响的"艺声歌咏团"。这些快乐的时光都成为先生后来投身音乐事业的源泉,终于在1949年先生考入北京的国立北平艺专,即后来的中央音乐学院。此后的十年间,先生先后毕业于中央音乐学院的作曲系,从事外国音乐史的研究工作,最后于1958年暑假开始从事中国近现代音乐史的教学和研究工作。

这段生活和学习经历,就如先生随后所说的,他对中国传统音乐和欧洲音乐并没有"真正深厚的功底",只是他"比较熟悉中国城市社会的音乐生活,从中对中国早期的新音乐,对广大群众喜爱的革命歌曲以及它们与广大城市群众生活现实的密切联系,都有一定真切的感受和深厚的感情"。正是这一份"真切的感受和深厚的感情",使得他"由衷地热爱这些音乐,钦佩这些音乐的创造者所写出的作品"。而这些作品不仅倾注了前辈音乐家"对祖国、人民的深厚的爱",同时它们"与时俱进地、真实记录了我所亲历的社会现实的中国新音乐"。因此,它们唤醒了先生"对音乐艺术的真知",换得了"对他们的爱""对他们作品的爱",凡此种种,决定了先生"对20世纪以来中国音乐历史发展的基本

---

[1] 汪毓和.我是如何进入音乐之门和为什么选择了音乐史研究和教学之路[J].中国音乐,2003(3):40.

看法"①。

我常想,是音乐学塑造了先生的性格,还是先生的性格最终成就了他的音乐学的事业呢?从作曲专业的优秀毕业生,到西音史的研究者,再由于工作的需要转入中国近现代音乐史的研究,这样的经历在先生那一代人的身上其实并不鲜见。为了祖国的发展、为了人民的需要,每个人都像一颗螺丝钉一样,祖国需要他们去哪里,他们就去哪里;人民需要他们做什么,他们就做什么。虽然他们只是普通的劳动人民、知识分子,可是他们把自己的事业同祖国的命运、人民的需要联系起来,像一个"革命者""战士"一样以无比的热忱投入自己的事业中。甚至于,先生认为:"要真正做好历史研究和教学,首先就要以这种爱出发,这比对史料的掌握,对音乐技巧分析能力的提高,对理论写作能力的提高等等,都显得更重要。"②

一切仿佛是偶然的,一切也可能是必然的,先生就成了这样的音乐史学家。张静蔚先生1986年曾在《音乐研究》上发表的《对我国近现代音乐史研究的两点思考》一文中提到,近现代音乐史的研究,最缺少的就是"原始的系列化的历史素材——史料",而评论历史"不能仅以几个当事人的回忆作依据,而应以人人能看到的第一手史料为基础"③。这一情况,也得到同时期陈聆群先生的共同发声,"(建设有系统性的史料基础)最近几年虽然有所进展,但离真正建起中国近现代音乐史的史料体系尚远",相关史料的搜集和归类,至少应该从以下八个方面进行着手:"音乐期刊、音乐谱集、音乐文集、唱片录音、音乐图片和影像、其他书刊报纸上的音乐文章记载和作品曲谱、其他学科涉及音乐的材料以及在世的音乐家的回忆采访记录等。"④自1958年中国近现代音乐史学开始创立,时隔28年之后,一北一南两位先生共同讲述的学科建设背景也使得我们可以想见:1958年时先生是如何在一穷二白的情况下进行《中国近现代音乐史》讲义的编写的。但是,对于这段研究历史,先生的回忆文章并没有讲述太多的

---

① 汪毓和.我是如何进入音乐之门和为什么选择了音乐史研究和教学之路[J].中国音乐,2003(3):50.
② 汪毓和.我是如何进入音乐之门和为什么选择了音乐史研究和教学之路[J].中国音乐,2003(3):50.
③ 张静蔚.对我国近现代音乐史研究的两点思考[J].音乐研究,1986(3):17.
④ 陈聆群.反思·求索 再事开拓——对中国近现代音乐研究的回顾与展望[J].中国音乐学,1985(1):12.

历史困难。一方面，先生既是客观地陈述，也是感性地陈情，在1958年"大跃进"的热潮下，在全国上下"敢想敢干""战天斗地"的环境里，先生"痛快地接受这个新的决定，并且很快就提出了一份这门新课的'教学大纲'草案，作为对'大跃进'的献礼"。另一方面，先生认为，作为"一名中国的音乐史工作者，认真总结我国这一百多年的音乐历史经验，总结在这段历史过程中无数我所热爱的前辈的心血创造，应该是自己的、无可推卸的神圣职责"①。知识分子的使命感与责任感始终鞭策着先生前进。

二、如何从事中国近现代音乐史研究工作

我们是幸运的，在2010年入学时，接受了先生近三年的教导。在这三年中，先生为我们几位同门共同开设了中国近现代音乐史基础课。听先生介绍，这门课由来已久，经常邀请音乐学其他专业方向的同学来共同学习，很多已经毕业的师兄、师姐们都曾在这个课堂上共同学习和讨论，这门课也时常邀请业界前辈前来与我们一同交流对于现当代史的观点和看法。先生为我们提前准备了学习大纲，让我们下去各自准备，课上互相讨论并交流。遗憾的是，这份大纲现已不见踪迹。清晰印于脑海的是：我们在课堂上一起回顾了自鸦片战争以来的一百七十年间的中国近现代历史，从纷繁复杂的历史事实、恢宏壮阔的历史背景中重新进入中国近现代音乐史。向延生先生也曾到过我们的课堂，与我们共同探究19世纪末20世纪初的那段历史。

按照今天音乐史学的研究方法来进行分类，先生固守着"社会音乐学"的研究方法，也恪守着"唯物史观""实事求是"的治史原则。与我们当下未经历历史的年轻人研究历史不同，先生生于那个时代、长于那个时代，他对历史的书写一半依赖当时可以搜集到的各种文献和资料，还有一半依赖于他个人的亲身感受。这前一半的书写，先生曾在1999年发表于《中国音乐》的《关于史料的收集、整理和研究》一文中，有详细的讲述。文中，先生对于史料的等级进行了分类：一手资料、二手资料、三手资料，明确区分了不同资料的情况，并实例举证三种资料都存在"真与伪、客观与主观、正确与错误、全面与片面等问题"，因此

---

① 汪毓和.我是如何进入音乐之门和为什么选择了音乐史研究和教学之路[J].中国音乐，2003(3):50.

提出"较好的方法是善于将所获得的第一手史料与有关的第二、三手史料相互加以引证"。用此方法进行研究的目的,是"来加深自己对某一历史现象、人物,或作品的理解"——这也是先生从事音乐史学研究另一半的"依赖"——对历史人物和音乐作品的分析、研究是建立在历史经历、情感体验的基础上的。对于音乐作品的分析,强调对作品结构和音乐调性的分析,尤其是对音乐与内容相关联的分析。

  先生曾在带我学习的过程中,为我做过这种音乐分析的示范,如今回想起来,更觉非常珍贵。那是一首瞿希贤老师的无伴奏合唱歌曲《牧歌》,先生要求我当堂进行作品分析。我首先对作品的结构进行了分析,然后从音调的来源上进行音乐形象、音乐内涵的分析,进而从技术创作的角度,对作品结构和旋律的调式问题进行了分析,最后总结其创作风格。先生仔细看后,对我进行了细致的指点,为我介绍了更多那个时代作曲家的创作情况,分析了作品中歌词、曲调创造性写作的地方,并将它的和声与赵元任的作品进行对比分析,点明它"调式和声更符合中国的音调"特征。先生还向我建议仔细学习黎英海老师的《汉族调式和声及其运用》,这让我深刻地体会到近现代音乐作品中包含着很多我们作为歌唱者、听赏者不曾了解的历史内涵,这就是作曲家出于挚爱的本心凝结于了无痕迹的艺术作品中的技术发展,而这些就是音乐学研究应该去探究、去呈现的内容。但是,先生又是非常反对唯技术至上论的,也就是说在先生看来优秀的作品应该是技术发展与真挚情感的完美结合。

  寻于此道,我也会去思考一些天马行空的问题,先生看到了"和声民族化的追求和探索",站在他的肩膀上,我看到了什么呢?先生择取的标准是技术发展与情感表达的兼而有之,那么这个标准是否需要历时发展呢?

三、尾　声

  音乐学研究仿佛浪漫的子夜星空,灿烂夺目、永恒存在。夜深人静感觉前路艰难之时,时常想起与先生的对话。先生的教诲就像普罗米修斯的火种,每当我疲惫至极想要放弃的时候,他的善意、他坚定的信仰,还有他对我们的关怀总是重新点燃我心中的激情,让我再次满溢希望、走上征途:

  "老师,我们为什么要做近代史研究?"

"因为爱着这片土地,爱着这片土地上的人民。"

"我觉得自己激情澎湃,但是无力着手。"

"理性的语言、客观地陈述历史事实,这就是最强大的力量。"

——谨以此文献给我最亲爱的老师

# 三、刘雪庵抗战时期音乐创作和生平研究

刘雪庵歌曲创作特质再探

王 征

(济南社会科学院 山东 济南 250099)

摘 要:

刘雪庵是20世纪中国音乐史上有影响的作曲家。其歌曲创作的指导思想深受乃师黄自的影响,体现出爱国拥民的创作路线、艺术与生活相融合的创作理念、音乐民族化的创作追求。其创作的歌曲内容包括爱国救亡题材、借景抒怀题材、爱情题材、反映民生疾苦与展现现实社会的题材以及描写少年儿童生活的题材。其歌曲创作体现了浓郁的中国风情、鲜明的时代印记、真实质朴的情感取向、群众化通俗化的音乐风格。他还是优秀的歌词作者和杰出的音乐教育家。纵观其一生所创作的歌曲,爱国进步是主流,充分展现出作者的艺术才华。

关键词:

刘雪庵 歌曲创作 民族化 大众化 中西合璧

刘雪庵先生是20世纪中国音乐史上颇有影响的爱国作曲家、音乐教育家和社会活动家,其名曾被载入《大英百科全书》。身为作曲家,他在抗战歌曲、艺术歌曲、钢琴音乐、戏剧配乐、电影配乐等方面很有建树,留下了一大批脍炙人口的艺术作品；身为教育家，他曾长期在国立音乐学院、国立社会教育学院、苏南文教学院、华东师范大学、中央音乐学院、中国音乐学院等校任教，培养了很多优秀人才；身为社会活动家，他积极从事各种抗日爱国活动，与郭沫若、田汉、张曙、潘子农、贺绿汀等人共事，为中国音乐事业的发展做出了不可磨灭的贡献。他的作品，"表现出明显的中国风味"。他"半个世纪以来致力于我国的音乐艺术和音乐教育事业……以自己的耿耿忠心和辛勤劳动，培养了许多专业音乐人才，创作了大量音乐艺术作品，丰富了我国民族音乐的宝库。他尊重我国民族音乐传统，并具有不断探索和勇于创新的精神，因而形成了自己的创作特点和艺术风格，为我国民族音乐文化的发展做出了宝贵贡献"。

一、刘雪庵歌曲创作的指导思想

1. 黄自观点的影响

当时在国立音专学习的贺绿汀、刘雪庵、陈田鹤、江定仙被音乐界称为"黄自四大弟子"，不言而喻，导师黄自对刘雪庵歌曲创作的影响起到了举足轻重的作用。黄自主张音乐应有民族特色，他的作曲理论技法渗透着中西方音乐结合的因素，倾向诗词与曲调结合，提倡音乐结构简练。这些方面在刘雪庵的歌曲创作中都有深刻的体现，音乐表现了很强的民族风格和时代气息。

2. 爱国拥民的创作路线

刘雪庵是一位充满正义的作曲家，从他的作品中可以看出其鲜明的爱国主义思想，在他创作高峰期，出产了大量以军队、人民为题材的歌曲，体现了强烈的爱国主义情怀。刘雪庵的作品常体现穷苦人民颠沛流离的苦难生活，表达了对儿童、人民的同情、热爱，同时也鼓励和教育着他们勇敢面对生活的勇气。"爱国、拥民"的创作路线引导他创作的优秀作品在战争年代对民众起到了很大的鼓舞作用。

3. 艺术与生活相融合的创作理念

刘雪庵善于在人民群众中提取素材，在生活中寻找艺术的影子，坚持不懈地为社团、学校，为祖国的教育和兴亡，为社会现实谱曲。他选用的歌词通俗、易懂，创作的音乐语言简朴、流畅，易于学唱，这种群众化、生活化的创作在他的大批激励人民斗志的群众歌曲中得到了最好的表现。刘雪庵真正做到了艺术融于生活,作品"雅俗共赏"。

4.音乐民族化的创作追求

刘雪庵把"音乐民族化"当成毕生的创作追求,譬如他在中华人民共和国成立后用戏曲音乐谱写的新歌剧《大义灭亲》,采用了苏南的"锡剧"音调,使整部歌剧既有戏曲特点又体现了新歌剧的风貌,深受苏南民众的喜爱;又如他的钢琴作品《中国组曲》,浓墨重彩地描写了中国风光、中国风土人情,乐曲在借鉴西洋创作技法的基础上,采用了中国传统技巧和音乐素材,一气呵成,使作品适应了中国人的审美需求。他的创作努力朝着"民族化音乐"的目标,不断地追求和前进,他所倡导和实践的音乐创作民族化的思路,在中国音乐发展史上产生了极为深刻的影响。

二、刘雪庵歌曲的题材类型

刘雪庵作为20世纪三四十年代的多产音乐家,不拘泥于单一的创作形式,而是创作了数量众多,体裁丰富、风格各异、特点鲜明的歌曲。其对作品题材的选择也较为广阔,有爱国主义题材,有反映社会现实的题材,也有借景借物抒怀的题材等,题材的多样化形成了他特有的选材风格,下面将列出其歌曲中几种最为突出的题材进行分析。

1.爱国救亡题材

《前线去》歌词中写道,"风正萧萧,旗正飘飘,水寒山翠,气爽秋高,好男儿愿将国报,有热血誓洒今朝",铿锵有力的词句充分表达了他的拳拳爱国之心。又如《战歌》《赴战》《干干干》《为我中华》以及《战场》《出征歌》《保卫大上海》《游击队歌》《保家乡主题歌》《大家一条心》《中华儿女》《捷报》等作品反映出中国人民在强寇入侵时不屈不挠、敢于抗争的民族气节。在一些"以小见大"的作品中,我们依然能够深切感受到他的爱国情操。如他为进步电影《十字街头》谱写的插曲《思故乡》,流露出对故乡的深情,表达出浓烈的爱国热情;以现代诗词谱写的艺术歌曲《巾帼英雄》,借用女英雄花木兰的故事讴歌了不屈的民族精神,诸如此类的歌曲还有《听祖国的呼唤》《出征别母》等,从不同角度、不同细节反映出他的爱国情怀。刘雪庵的爱国主义题材内容还体现在他的军歌创作,他创作的军歌从选词到谱曲都是围绕如何鼓舞军人奋勇拼搏、努力抗日、夺回国土的内容而展开的,爱国思想极为明确。中华人民共和国成立后,他又写出了一些歌颂新中国的作品,如《歌唱人民新生活》《我要爱祖国最可爱的人》《社会主义社会幸福长》等歌曲,表现了对中华人民共和国的赞美,也抒发了对党和人民的深厚感情。

2.借景抒怀题材

刘雪庵此类作品为数不多,但多系珍品。如《春夜洛城闻笛》《枫桥夜泊》《红豆词》《忆后湖》《飘零的落花》《追寻》《采莲谣》,这些以古诗词和现代诗词写成的歌曲都用到了"借景借物抒怀"的题材,从不同的角度、不同的场景真实抒发了作者复杂、丰富、多样的情感世界和内心活动。刘雪庵更加青睐借用古代文人细腻、深沉的诗句来表现时人伤感、惆怅、忧郁的情绪。如他选取唐代诗人李白的诗词《春夜洛城闻笛》创作的同名艺术歌曲抒发了思乡之情;还引用张继《枫桥夜泊》展现孤单、愁苦的心情;借曹雪芹《红豆词》,表现相思之苦,将那个时期中国文人失意、郁闷、触景生情的心境体现得淋漓尽致。现代诗词更是刘雪庵擅长选取的歌词范畴,如他作词的《飘零的落花》,淋漓尽致地展现了青年知识分子面对当时摇摆不定的社会现实,不知何去何从时彷徨、失落、苦闷的心情。《采莲谣》让人品尝到生活的快乐,而《追寻》则表达了作者向往光明、期盼幸福的情感。这些"借景借物"题材的歌曲比起他大量的爱国歌曲,显得别有风采。

3.爱情题材

刘雪庵的创作在表现爱情生活的甜蜜中还不忘带有革命色彩,这也是那一时期爱情歌曲创作的共同特色。为进步电影《新桃花扇》创作的插曲《新婚的甜蜜》中的"定情歌"就唱到"我爱你,你我同在一条战线"。艺术歌曲《有一句话》《相见欢》则在委婉、含蓄的词句和悠远、伤感的旋律中饱含着人们对纯真爱情的渴望和期盼,《相见欢》充满诗情画意又不一语点破,把对恋人的那份眷恋融化在深切的情和含蓄的爱中,这与作曲家敏锐的洞察力和丰富的情感想象是分不开的。

4.反映民生疾苦、展现现实社会的题材

经典歌曲《长城谣》原是为词作者潘子农先生的电影剧本《关山万里》写的

插曲,后因八一三淞沪战争爆发,电影未能拍成,但曲由刘雪庵谱成并流传到前线后方,后《长城谣》成为家喻户晓的爱国歌曲。刘雪庵为电影《天堂春梦》写的插曲《光明在望》,深刻表现了作者对难民的同情,强烈期盼他们重见光明,歌颂了他们为争取民族胜利忍辱负重、勇往直前的坚定信心。还有歌曲《募寒衣》《流亡》《弹性女儿》等,曲折的音调恰如其分地表现了歌曲内容,使人仿佛能切身地感受到苦难百姓的悲惨生活和曲作者当年创作此类歌曲的心境。

5.描写少年儿童生活的题材

在战乱纷争的年代,教育界不忘呼吁作曲家都来关心儿童教育,保护少年儿童,创作适合少儿特点的歌曲。刘雪庵做出了积极的响应,他创作了适合培养少儿健康情趣,以少年儿童生活、学习为题材的少儿歌曲,生动准确地塑造了少年儿童活泼可爱的形象。如由他作词的《喜春来》,通过描写大自然万物复苏、一片生机的美好景象,教育儿童要珍惜时光、好好学习;《燕子哥哥》用拟人化的手法,教育儿童从小要学习燕子爱劳动;《杀敌歌》《提倡国货》对少年儿童进行了很好的爱国主义教育;又如采用比喻手法写的歌曲《菊花黄》刻画了孩子们愿意救济难民的纯朴心灵;另外,刘雪庵创作的儿童歌曲还注重表现他们天真无瑕的性格特点,如《春游》《金银花》《远看花》《快乐多》等都十分生动地展现和描绘了少年儿童快乐、童真的个性和情感世界,这在当时所处环境中实属难得,也更加体现了作者希望通过音乐来表达对下一代的寄托和关爱。

从刘雪庵的选词作曲方面,我们可以看出他把创作的基础定位在了普通人民这一大众群体,尽管他的艺术歌曲表现着文人的思想感情,但其深远内涵也突显着普通大众的心境,词句间流露的真挚、感人的一面,正是他创作的可贵之处。

三、刘雪庵歌曲创作的艺术特质

1.浓郁的中国风情

刘雪庵的歌曲创作渗透着中华传统文化的精神,他对创造中国民族音乐有着鲜明的见解和抱负:"把各地的流行民歌搜集起来,根据现在的作曲技巧予以改编、整理、发挥,这不只适合民众的口味",而且将来可以:"把握这种新奇的乐风,创作一派国民音乐,在国际文艺界上,也可以为我国艺术争得相当地位。"

由此,他从民族情感出发,在掌握西洋作曲技法的基础上,努力挖掘、探索民族音乐的丰富宝藏,把对民族音调和民族风格的理解用于创作之中,使他的音乐语言具有民族色彩,散发着乡音乡土的气息,为自己的作品打上了鲜明的中国风格印记。

2.鲜明的时代印记

刘雪庵最为辉煌的创作时期是在20世纪三四十年代,尤其是在抗日战争初期,他以民族解放为己任,用音乐"武装群众,鼓舞士气",为解放民族而歌唱。他的音乐语言清晰直白,强而有力的节奏和振奋人心的旋律所表现出的坚决果敢的气势和激昂慷慨的情绪,具有鲜明的时代精神,直接反映了时代、社会和民族的呼声。这在他的众多爱国题材的革命歌曲中得到了很好的体现,如《出发》《前进曲》《前线去》等,在当时的抗日救亡群众运动中影响极大。这些作品也顺应了时代的审美要求,发挥了良好的宣传教育作用。

3.真实、质朴的情感

刘雪庵创作的歌曲之所以会受到听众的热爱,被人广为传唱且经久不衰,这与他真挚的感情是分不开的,他力图完美表达歌词的意境、情趣,从而触动人们的心灵。歌曲《红豆词》似吟似诵地表达着诗词中含蓄的情感,音乐中流露出的质朴、纯真让人不禁为之潸然泪下;《春夜洛城闻笛》则用素朴的笔墨谱出了一曲委婉深沉、韵味悠长的旋律;歌曲《飘零的落花》旋律优美、伤感,展现了曲作者"怜香惜玉"的柔情和对生活表现出的无奈、惆怅、失落的心境;即使是激励民众奋起反抗的爱国歌曲《长城谣》也无不体现出曲作者真挚、纯朴的创作情感。如果没有倾注丰富的情感是写不出如此广受欢迎的优秀作品的,可见他的用心之广,用情之深。

4.群众化、通俗化的音乐风格

刘雪庵创作的歌曲之所以被大众群体接受认可,传唱至今,其重要的一点就是他的创作终以适应于广大群众的需求为目标。他注意把艺术实践同群众斗争和群众生活相结合,采用群众熟悉的音乐语言。因此,他的音乐具有群众化、通俗化的风格特点,适合于人民大众的审美习惯,符合他们的审美需求、传达并迎合了他们的审美情感和审美趣味。富于民族风味,平易近人,细腻婉转、令人回味,这都要归于刘雪庵深入群众生活、心贴百姓。他的作品具备了雅俗共赏的品质,给人们留下了深刻的印象。

四、刘雪庵歌曲风格处理阐释

1.独树一帜的流行气质

刘雪庵的作品大多都具有群众化、通俗化的特点,因为这样的作品更容易被大众所接受和学唱,所以在演唱他的作品时,不必将西方演唱方法全盘照学,而应该在运用美声唱法的基础上,更添加几分"流行化"与"说话式"的亲切感。与中国咬字、韵律相结合,以一种柔美、恬静、清晰的声音来表现,这样的演唱方式与他的作品更加贴切。

2.韵味十足的气息运用

例如,在歌曲《红豆词》中,严谨而含蓄的"中国化韵律"是一大亮点。而在演唱中良好的气息支撑至关重要,所以不可以随意换气。如"滴不尽相思血泪抛红豆,开不完春柳春花满画楼"一句中,有的人在演唱时会在"滴不尽"和"开不完"之后偷换一口气,这样就使歌曲的完整性遭到破坏,并且改变了歌曲原本表达的情感,这就是将换气运用在了不正确的位置上。正确的唱法应当是完整地将这两句分别用同一口气演唱完,中间不要换气,这样更能表达演唱的情感,达到音乐与人声一起呼吸的完美效果。

3.相得益彰的韵律节奏

刘雪庵的艺术歌曲创作十分重视词与曲的结合,例如作品《相见欢》中,运用的是现代诗词,其中的节律显而易见。掌握了这些重点,歌曲的情感在演唱时就会呼之欲出,感人至深。

五、刘雪庵在中国音乐发展史中的应有地位

首先,刘雪庵是20世纪中国音乐史上值得称颂的杰出作曲家和词作家,尤其是在歌曲创作方面,留给后人一大批宝贵的艺术珍品。他不但是一位富有民族正义感的民族音乐家,而且才华横溢,某些作品曾达到过白金的发行量,是"二十一世纪华人音乐经典"的获奖者。他所表现出的艺术才能,让后人为之感叹。他创作的抗日救亡作品,充分反映出他真挚的爱国情怀。

其次,刘雪庵是既能中西合璧,又坚持走民族化道路的民族作曲家。刘雪庵出身科班,而又是学院气息最少的一个。他的歌曲创作更接近普通老百姓,更富有民族情感。他善于吸收民族民间音乐传统手法及传统戏剧的素材,并与掌握的西洋作曲技法有机结合,使作品群众化、通俗化。他所使用的音乐语言饱含着浓郁的民族传统文化气息。他十分注意满足广大群众的审美趣味需求,努力做到适应于广大人民群众的审美习惯和理解能力。他在大量吸收西洋音乐理论技法的基础上,不断汲取民族传统音乐的精华,并使它们有效地相结合,走出了一条适合人民大众的音乐创作道路。

再次,刘雪庵是具有极高文学素养的歌词作家。刘雪庵对中国古典文学(特别是韵文)和民间文学的热爱和钻研,致使他在歌曲写作中得心应手,他讲究歌词的声韵、节奏和格律,在词曲结合方面做到了韵味一致,堪称珠联璧合。现代诗词更是刘雪庵喜好选用的歌词范畴,他依靠着自身所具有的深厚文化底蕴和对诗词的敏感,把现代诗词自由、不受局限的韵律,与音调相结合,二者融为一体,获得了很好的效果。由于他在诗词方面的素养极高,因此也为其他作曲家作词,如为黄自先生的《新中国的主人》《农家乐》《踏雪寻梅》以及何安东的《上前线》、陈田鹤的《八百孤军守土歌》等曲撰写歌词。另外,在选词方面,刘雪庵把创作的基础定位在普通人民这一大众群体,尽管他的艺术歌曲表现了文人的思想感情,但其深远内涵也突显了普通大众的心境。词句间流露的真挚、感人的一面,正是他创作的引人之处,体现了他朴实无华的人生态度。

最后,他是令人称道的音乐教育家。1933 年,为普及当时的中学音乐教育,黄自先生编写了一套初级中学音乐教材,刘雪庵积极参与了编写。另外,鉴于当时小学音乐教材缺乏和儿童歌曲缺少的状况,从 1933 年起,刘雪庵便开始写作一些儿童歌曲,并陆续地发表在《音乐教育》上,如歌曲《燕子哥哥》《金银花》《菊花黄》《种瓜得瓜》等。1935 年,又与江定仙、陈田鹤一起合编了一本《儿童新歌》歌集,用健康的歌曲来引导和教育少年儿童。刘雪庵大半辈子都在高等院校从事教育工作,还担任过院、系的领导。他的教学能紧密地将理论与实践结合在一起,循循善诱,因材施教。在教学之余,他经常将创作出的一些新作品与学生在一起共同研讨,引导学生接受进步作品,还亲自组织和指挥学生合唱团、乐团、演剧队的演出,以其渊博的知识及个人艺术实践的丰富经验对学生进行教导,为中国音乐事业培养了大量人才,不愧为中国音乐教育的先驱者。

六、结　语

纵观刘雪庵的音乐生涯,其歌曲创作大致可分为三类:一类是完全由自己独立填词、谱曲完成的,一类是以古诗词作为词源完成的,一类则是采用当时著名诗词作家的作品创作的。内容大致包含抗日爱国题材、反映人民大众生活的题材和爱情题材,数量众多,风格多样,立意高远,境界典雅。不论是像《长城谣》这样产生了重大社会影响的歌曲,还是像《红豆词》《枫桥夜泊》《春夜洛城闻笛》这样的艺术歌曲,都称得上是经得起历史检验的上乘精品,体现了作者深厚的文学修养和艺术功底。他的歌曲创作注重歌曲的民族化、音乐与歌词的有机结合,中西合璧而又相得益彰,为中国音乐的发展起到了重要的探索铺垫作用。从总体倾向上来看,他创作的歌曲,爱国进步是主流。即使是那首曾经饱受争议的《何日君再来》,尽管其创作初衷被人误解,被人们从不同的角度进行了解读,产生了复杂的社会影响,但一直被传唱至今,这足以证明作者的艺术才华。

参考文献:

[1]李毓辉.刘雪庵抗战歌曲探析[J].北方音乐,2017(2).

[2]夏滟洲.中国近现代音乐史简编[M].上海:上海音乐出版社,2004.

[3]高佳佳,徐天祥.历史不会忘记他——"刘雪庵诞辰一百周年纪念活动"综述[J].中国音乐,2006(2).

[4]刘雪庵.刘雪庵作品选[M].北京:中国文联出版社,2002.

[5]刘艳芳.简论刘雪庵艺术歌曲创作及其特点[J].黄河之声,2010(8).

[6]汪毓和.刘雪庵先生及其音乐成就[J].人民音乐,2006(1).

[7]张海英."新音乐的铺路人"——刘雪庵艺术歌曲创作分析[J].音乐创作,2016(3).

[8]王磊.刘雪庵先生音乐创作[J].歌剧,2014(9).

[9]卜娇.浅析刘雪庵艺术歌曲的创作特色[J].吉首大学学报(社会科学版),2014(S1).

[10]胡贝茜.浅谈刘雪庵的艺术歌曲[D].上海音乐学院,2017.

[11]汪洋.论刘雪庵艺术歌曲特色及演唱风格处理[D].天津师范大学,2014.

[12]周畅.中国现当代音乐家与作品[M].北京:人民音乐出版社,2003.

刘雪庵抗战时期音乐创作研究

刘云燕

(沈阳音乐学院　辽宁　沈阳　110004)

　　刘雪庵是中国近现代重要的作曲家、音乐家之一,他主要的音乐创作和音乐活动集中在20世纪三四十年代。可以说,他的音乐创作及音乐活动贯穿了整个抗战时期,而这个时期也正值中国近代音乐文化转型和发展的重要时刻。在这十几年间,中国社会风云变幻,刘雪庵等那个时代的音乐家,不仅见证了这段历史,同时也成为这段历史的亲历者和参与者。刘雪庵作为近代中国第二代音乐家,也经过了不断成长、蜕变与成熟的过程。在音乐创作上,他虽然也有一些卓越的器乐作品,像钢琴曲《中国组曲》,但其主要领域还是声乐体裁,包括歌曲、戏剧以及电影插曲等。本文将沿着历史脉络和作曲家的音乐活动及创作实践,即从刘雪庵进入上海国立音乐专科学校学习开始,一直到抗战胜利前夕,对其一路走来的学习、生活、代表性作品进行剖析,力图梳理、研究和总结作曲家的创作观念、创作手法、音乐风格,以及艺术价值和历史意义,为其后研究者的研究提供一定的参考。

　　一、对音乐教育建设的关注

　　1930年秋,刘雪庵考入上海音乐专科学校(以下简称"音专"),开始了他专业的音乐学习生活,同时也开启了他艺术人生的道路。在音乐理论及作曲上,他师从萧友梅及黄自等音乐家,在中国诗词与韵文上,他受教于易伟斋及龙榆生等词学大师,这些均为他后来的艺术创作打下了坚实的基础。

从1930年到1935年,刘雪庵一直在音专学习。这期间,他已经开始了自己的音乐实践活动。1931年震惊中外的九一八事变爆发,黄自是第一个反应自觉的音乐家,两个月后的11月9日,上海广播电台播出音专学生演唱的由他创作的《抗敌歌》(原名《抗日歌》)。这是民国第一首抗战爱国歌曲,无疑对其学生刘雪庵等产生的影响是深刻的。1932年4月,他以笔名刘晏如编辑出版了我国最早的救亡歌曲集之一《前线去》,其中不仅有黄自的《抗敌歌》,还有他创作的《出发》《前进曲》《前线去》三首歌曲。

1933年开始,刘雪庵与黄自等人编写了《复兴初级中学音乐教科书》(以下简称《复兴》),共六册。其中有20余首歌词出自刘雪庵之手,同时还有他的自度曲及作曲的歌曲。如他作词作曲的《杀敌歌》《喜春乐》《春游》,以及他作曲的《布谷》(刘大白词)、《春夜洛城闻笛》(李白词)等。在《复兴》的歌词中,刘雪庵的创作占有众多篇幅。如以德国民歌填词的《励志》,其歌词中的"男儿志气薄云霄,热血涌如潮。失地不复、仇不报,心中恨怎消?锻炼体魄来学军操,好为民族争光耀!"表明了他的爱国情怀和立场。《农家乐》(黄自曲)歌词:"农家乐,孰是孟秋多!卖了蚕丝打了禾,纳罢田租完尽课,合家团团瓜棚座,闲对风月,笑呵呵,农家乐,农家乐,真快乐。"通过对劳动人民质朴快乐生活的描写,来对学生进行潜移默化的教育。《惜春》(张玉珍曲)歌词:"春去亦何处,留春恨无计,春!你是否也有恨别意?问花花不语,摇首问黄鹂。看!它又踏碎蔷薇低飞去。"以新颖的构思,精练的笔触,通过"花""黄鹂""踏碎""飞去"等生动画面的展现,表达出人对"春"的不舍。《渔父》(江定仙曲)歌词:"听,数声渔笛起江边,看,一片芦花耀眼前。白发苍颜,绿蓑青箬船头站,静对,静对,静对。"前两句与郑燮的《念奴娇·石头城》中最后两句的"数声渔笛,芦花风起作作。"意境有似,第四句的"绿蓑青箬"与陆游的《一丛花》的"何如伴我,绿蓑青箬,秋晚钓潇湘。"意境有似。可见刘雪庵对中国古典诗词的积淀和造诣之深厚,也透露出他在音专的学习成果。《复兴》中还有很多他写的歌词,如《踏雪寻梅》《蝴蝶》《摇篮曲》(均黄自曲)、《田家忙》(江定仙曲)、《摇船歌》(应尚能曲)等。正因为有韦瀚章、伊令眉、刘雪庵等人作词,黄自、江定仙、应尚能等人作曲,才使这套民国时期的音乐教材具有了很高的水准,成为中国近代音乐教育教材建设的典范。无论是当时还是后来,其影响与价值都是被公认的。

同时,在1933年到1936年,刘雪庵在缪天瑞主编的江西省推行教育委员会出版的《音乐教育》中发表了诸多作品。如《空军进行曲》《喜春来》《雪花飞》《燕子哥哥》《菊花黄》等。这些作品中,有他作曲的,也有他自度曲的,而且它们都是为适合少年儿童的心智特质进行的创作。比如,鼓励儿童进取向上的《喜春来》是他的自度曲。歌词通俗易懂,朗朗上口:"春来了,春来了,风光真正好。花儿香,草儿绿,雀儿也在叫。趁今朝齐努力,勤将学问造。莫等到老无成,发愤悔不早。"谱曲时,刘雪庵运用简单的节奏,易唱的旋律,以适应少年儿童的审美趣味及表达能力。

谱例1

如谱例1所示,作曲家将上述几句歌词安排为上下句关系的四个乐句。C大调,$\frac{2}{4}$节拍。用小附点音型弱起开始,用与"春来了"对应的旋律"mi-fa/sol"作为动机,经过叠句式的重复后形成主题,而这个主题在歌曲发展中始终贯穿。四个乐句起承转合明确,简单流畅的曲调与短促跳跃的节奏,都使这首歌曲散发出活泼开朗的音乐性格。

再如《燕子哥哥》歌词:"燕子哥哥,梁下做巢,衔泥衔草,毫不懒惰。飞出飞进活泼快乐,有时高兴唱唱歌。呢喃,呢喃,呢喃,呢喃,有时高兴唱唱歌。"

谱例2

如谱例 2 所示,为了便于儿童对曲调的记忆,作曲家采用了 C 大调且适宜的音域,以及合头变尾一字对一音上下直线式的旋律。在"呢喃"的叠句时,用"do-sol"作原型,而后向下连续模进:"la-mi/sol-re/mi-do",曲调明快生动。同时,钢琴伴奏右手为歌唱旋律声部的同步进行,左手用分解和弦。其和声及色彩上的处理,能使儿童在朗朗上口的曲调中,感受到音乐的丰满和流畅,从中获得审美上的体验。

二、艺术歌曲创作

1936 年,刘雪庵音专毕业,但他并没有立即离开学校,而是向黄自继续学习作曲。这一年的 11 月,商务印书馆出版了他以"布谷"命名的歌曲集,其中收入八首歌曲,即《莪眉豆》(四川民歌)、《枫桥夜泊》(唐·张继词)、《布谷》(刘大白词)、《春游》(刘雪庵词)、《淮南民谣》、《春夜洛城闻笛》(唐·李白词)、《飘零的落花》(刘雪庵词)、《新婚的甜蜜》(欧阳予倩词)。除了《新婚的甜蜜》是 1935 年他为电影《新桃花扇》创作的插曲外,其他均为抒情歌曲作品。

在这些作品中,刘雪庵探索将西方的曲式结构及技法与中国的民族韵味相结合。这种中西兼容的观念,受其导师黄自及当时中国音乐创作潮流的影响。20 世纪 30 年代,上海国立音专集合了从欧美留学回国的一批中国音乐家,以及外国来华的音乐家,抒情歌曲创作在音专蔚然成风。包括青主、华丽丝、应尚能、周淑安,还有黄自的学生陈田鹤、江定仙等,他们创作的抒情歌曲中,有的采用中国古典诗词作为歌词,有的采用现代新体诗作为歌词。前者力求古朴的中国传统韵味,后者则凸显清新的时代风尚及现代人的审美观。无论是哪一种,借鉴西方作曲技法来创作中国现代音乐都是一种探索、一种时尚和潮流。刘雪庵的抒情歌曲创作既体现了时代的共性,又彰显着自己的个性。不论是音乐结构的设计,还是调式、调性的运用;不论是音乐主题形象的塑造,还是作曲技法的跟进,无不渗透着中西融合中浓郁的民族风味。如上述《布谷》中的《莪眉豆》,这是一首用四川民谣为歌词创作的歌曲。歌词:"莪眉豆,生长茎,花有红白叶有青;有朝一日狂风起,不见花叶只有茎。"

谱例3

如谱例 3 所示,刘雪庵将四句歌词对应置于起承转合的四个乐句中,用 F 徵调式,五声性旋律,$\frac{2}{4}$ 节拍。开头的第一句是两个三字句短句,与七字句的第二句呈"分而合"的句式。根据其特征,歌曲采用动机式的音乐主题,即以小附点音型弱起后接四分音符,旋律从 ♭B 宫音向下四度跳到 F 徵音,而后反行级进形成动机:"do-sol/la"对应"栽眉豆",随后用咬尾衔接并向下三度模进:"la-mi/sol"对应"生长茎",二者构成了起句;第二乐句以"折叠式"的咬尾进入作为承句:"la-mi/sol-la-sol-re-mi"。两乐句就像一条长长的、扯不断的、蜿蜒曲折且带有灵动性的一串"珍珠",自上而下雀跃而来。左手钢琴伴奏以琶音奏出的空五度和弦与右手的旋律线条,烘托了"栽眉豆"俏皮的音乐形象。

《枫桥夜泊》是刘雪庵用唐代张继的七言绝句谱曲的同名艺术歌曲。原诗表现了诗人羁旅之思,家国之忧的情感。"月落乌啼霜满天,江枫渔火对愁眠。姑苏城外寒山寺,夜半钟声到客船。"这首诗在当时受到许多音乐家的青睐,如陈田鹤、赵元任等均用这首诗谱过曲。

谱例 4

刘雪庵创作的版本与其他作曲家的版本的共同之处,即按照原诗特征采用了四个乐句的结构。如谱例4所示,谱曲上,刘雪庵采用♭B宫调式,舒展的$\frac{4}{4}$节拍。钢琴以左手声部宫与徵的五度持续音模拟寒山寺空洞的钟声,与右手以徵音为核心底线、分解式的奏法,作音程渐次扩张引出歌曲。第一乐句从角音出发环绕徵音进行后再婉转攀升至C商音:"mi-sol-la-sol/do-la-re";第二乐句以C商音向上作装饰性的辅助进行,再连续向下模进婉转至G羽音,其骨干音为"mi-re-mi/do-la-do/sol-mi-sol/la",实际是五声音阶三音组的装饰进行;第三、四乐句间又以咬尾并逆行紧紧相扣,最后结束在♭B宫音上。

这首歌曲虽然短小,但逻辑严密,技法讲究,五声性突显。

《春夜洛城闻笛》是刘雪庵以唐代李白的七言绝句为歌词谱曲的同名艺术歌曲。原诗:"谁家玉笛暗飞声,散入春风满洛城。此夜曲中闻折柳,何人不起故园情。"

谱例 5

春夜洛城闻笛

[唐]李 白 词
刘雪庵 曲

如谱例 5 所示,歌曲按照原诗的思想感情和意境,采用了六句结构,即开始的起承转合四个乐句和最后重复的两句。$\frac{4}{4}$ 节拍,^{b}E 宫调式。三小节的引子,钢琴右手声部,用平均八分音符两音一组,以宫音并从小字三组为起始,向下迂回式地奏出五声音阶;左手用一对二的对位复调形成与右手的并行级进,好似远处随春风飘来的渺渺笛音。歌曲第一、二乐句对称平衡,一字对一音,旋律与节奏十分舒缓温和。钢琴左手声部与歌唱旋律作低八度同行,右手以二对一婉转的旋律模拟笛音与二者对位。在歌声与笛音共同营造的氛围中,映衬出客居他乡之人的思乡之情。

可以说,这两首古诗词歌曲堪称是具有较高水准的艺术歌曲。从它们逻辑缜密的构思与精雕细琢的笔触看得出,刘雪庵此时的音乐创作越来越注重音乐的品质与品位。这也折射出,当时以上海音专师生为中心的专业音乐家在创作上的一种共性和相互间的影响。

三、抗战歌曲创作

1937 年七七事变爆发,日本帝国主义开始全面侵华战争,这便拉开了中国全面抗战的序幕。上海音专作曲系师生自发组织起了"中国作曲者学会"。10

月,刘雪庵出资创办了音乐刊物《战歌》。这是一本集歌曲创作与学术论文于一体的刊物。它从上海起始,辗转到武汉,再到重庆。在硝烟四起的中国抗战最艰苦的岁月,《战歌》起到了不可估量的作用。在这个刊物中,每一期均有刘雪庵创作的歌曲及撰稿。仅前6期就有《募寒衣》(柳倩词)、《长城谣》(潘子农词)、《保卫大上海》(施谊词)、《大家一条心》(侯枫词)、《伤兵慰劳歌》(光未然词)、《空军之歌》(简朴词)、《流亡三部曲》(江凌词)等诸多作品。从题材上看,已经与刘雪庵此前的创作大不相同,即它们反映的均为抗战内容。刘雪庵站在民众立场上,以鼓舞和激励人民共同抗击侵略者为主旨,音乐语言随之明显有了新的变化。

《募寒衣》是一首号召民众为流离失所的难民募捐寒衣的歌曲,发表在1937年10月《战歌》第1期。歌谣体写成的多段歌词,口语化程度很高。第一段:"募寒衣,请捐助,要募寒衣千万数;寒衣捐给难民穿,难民秋天没有衣服。"它侧面反映了日本帝国主义的侵略,难民缺吃少穿、无家可归的惨境。

谱例6

如谱例6所示,刘雪庵将多段歌词用分节歌的形式、起承转合的四个乐句结构

进行陈述。并配以 $\frac{4}{4}$ 节拍、缓慢的速度及 ♭B 宫五声性的质朴音调。歌曲用最后两句悲凉凄切的旋律引出。第一乐句以徵音开始向上级进,再合头向下进行:"sol-la-do/sol-la-sol-mi";第二乐句将第一乐句的两个分句整合;第三乐句与第二乐句合头并将曲调上扬;第四乐句用"折叠式"咬尾进入,最后结束在宫音。

这首歌曲不追求音乐上的华丽语言,而是以凄婉的音调与歌词相呼应。表达了国难当头中国人民团结一心的思想内涵。

《长城谣》发表在 1937 年 10 月 24 日《战歌》第 2 期。这首歌曲原计划作为电影《关山万里》中的插曲,然而八一三淞沪战争爆发后拍摄被搁置,歌词被刘雪庵谱成歌曲后传唱在中华大地,对抗战起到了非常大的宣传鼓动作用。歌词共十六句。第一段歌词:"万里长城万里长,长城外面是故乡。高粱肥,大豆香,遍地黄金少灾殃。"

谱例 7

如谱例 7 所示,刘雪庵将十六句歌词并成分节歌的两段,用再现单二部曲式作为歌曲结构。采用棱角并不分明的 $\frac{4}{4}$ 节拍,F 宫五声性旋律,苍凉悲壮的曲调,使其深入人心。第一乐段四个乐句。第一乐句第一小节动机式的主题奠

定了全曲的基调。它以 C 徵为轴心音作上下辅助式进行："sol-mi-sol-mi-sol"，对应"万里长城"的蜿蜒与绵长，其中除了"里"字"厌"声用一字对二音的特殊处理外，其他均一字对一音，后半句向上四度跳进后反行与之呼应回落在徵音："do-la-sol"；第二乐句用咬尾并逆行衔接后婉转落宫音，与第一乐句作一问一答句式："sol-la-do-mi-sol-mi/re-la-do"；第三、四乐句合头、合尾变化重复第一、二乐句。

第二乐段将主题做下四度模进："re-do-re-do-re/sol-mi-re"；第二乐句用一字对二音的环绕及模进将旋律推向高潮："mi-do-re-mi/sol-mi-sol-la/do-la-do-mi"；最后一句为再现句。

这首歌曲以小小的动机作为整个歌曲的核心，不断将其变化、发展与推进，从而铸成了一个完整的艺术构思。其曲调、旋律、节奏等看似平和，然而肌理中却渗透了苦难、呻吟与悲壮，从而产生了激发人民同仇敌忾的作用。从这首作品也可看出，刘雪庵在艺术创作上的观念及技法越发成熟，即他的爱国激情完全蕴藏在他娴熟的音乐语言之中。

在以抗战为题材的作品中，还有另外一种慷慨激越的音乐语言。如《大家一条心》发表在 1937 年 11 月 10 日《战歌》第 4 期。第一段部分歌词："大家一条心，大家一条心，向抗敌救亡的路线前进。前进，前进，前进，前进！收复四省，夺回平津！"

谱例 8

歌词具有号召性。如谱例8所示,刘雪庵用再现的三部曲式、群众歌曲的体裁进行创作。虽然用 $\frac{4}{4}$ 节拍,但是小附点、平均八分音符的短促节奏律动,使其极有力量,"mi-mi-re-do/sol"所对应的"大家一条心"成为贯穿全曲的动机。

《保卫大上海》发表在1937年11月10日《战歌》第4期。歌词的主题:"各行各业一齐来,大家保卫大上海,有力的出力,有财的出财"号召全民行动起来,保卫中国的大上海。

谱例9

如谱例9所示,为了烘托气势,歌曲采用了二部合唱形式。开始同样用短促有力的小附点与平均八分音符交替出现,"mi-sol-sol-la-sol-sol-sol"一字对一音的旋律成为歌曲的动机,而后进行模进、发展。两个声部时而分时而合,勇壮激越,充分发挥了群众歌曲及合唱的魅力。

《战歌》中还发表有刘雪庵的《流亡三部曲》,这些都是表现抗战题材的好作品。其构思与写作,以及在当时的现实中所起到的作用都是巨大的。

四、电影、戏剧音乐的创作

与此同时,从1935年起,刘雪庵为电影和戏剧也创作了不少作品。如电影《新桃花扇》插曲《新婚甜蜜》(1935)、《父母子女》插曲《出征别母》(1936)、电影《中华儿女》同名插曲《中华儿女》(1939)、《孤岛天堂》同名插曲《孤岛天堂》(1939)、话剧《屈原》插曲《惜诵》(1942)、话剧《郁垒》插曲《红豆词》(1943)等,还包括上述的《长城谣》。这些电影和戏曲插曲都是根据其戏剧内容的需要而进行的创作。

1939年由沈西苓导演的根据《八女投江》故事改编的电影《中华儿女》表现的是,1936年在日本侵略者的屠刀下,东北人民惨遭蹂躏,中华儿女抛头颅洒热血,为驱逐日寇守护国土不畏牺牲的事迹。同名插曲正是表现了这种爱国精神。

谱例 10

中华儿女

熊　辉　词
刘雪庵　曲

如谱例 10 所示,歌曲采用雄壮的进行曲风格,G 大调,$\frac{4}{4}$ 节拍。引子从属音同音反复的弱起开始,音程从四度、五度、六度,一直到七度不断扩张,再作级进上下行,有力地引出并列句式"我们是中华儿女,我们是黄帝子孙"。该句式以音程扩大的手法进行模进,一字对一音,铿锵有力的旋律成为第一个乐句;第二乐句向上五度移位,以长乐句与之呼应;第三乐句咬尾并紧接模进式的短句自上而下连环进行;第四句的"轰炸、屠杀、掳掠、奸淫"以前短后长切分音的后

大附点、两个同音音组、向下、向上分裂模进;第五乐句再跃起,并以长时值跳跃式的旋律结束在 G 大调主音上。

该歌曲虽短小,但是音乐的张力很大,充分表达了中华儿女同仇敌忾、奋勇杀敌的精神。

《红豆词》是 1943 年刘雪庵为朱彤话剧《郁垒》创作的插曲,采用清代曹雪芹的诗词作为歌词。这首歌曲是备受当时直至今日人们关注的经典作品。

歌词:"滴不尽/相思血泪/抛红豆,开不完/春柳春花/满画楼。睡不稳/纱窗风雨/黄昏后,忘不了/新愁/与旧愁……"

谱例 11

歌词是以十字句为主体的结构，共十句。如谱例 11 所示，刘雪庵将其设置于再现的单二部曲式中，并以三/四/三断句。用 $^\flat$E 羽调式，$\frac{4}{4}$ 节拍。动机以均匀的八分音符为节奏音型，五声性旋律的四个音"la-mi-sol-la"对应"滴不尽"三字作原型，其后按照音阶顺次向下做模进"sol-re-mi-sol"，对应"相思血泪"，再继续向下模进"mi-do-re-mi/re"，对应"抛红豆"并句尾拉长；第二乐句"折叠式"咬尾嵌入，即重复上句句尾的"mi-do-re-mi"的四个音对应"开不完"作为起始，同时又构成了第一乐句的下四度模进。两个乐句从小字一组的 $^\flat$E 羽音开始，自上而下地横跨一个八度。在这种立体"模块""回环"式的下行移位中，形成了横向的四个线条。即以原型起始音引领的"la-sol-mi-re/mi-re-si-la"，位居第二个音引领的"mi-re-do-re/do-la-si-la"，位居第三个音引领的"sol-mi-re-re/re-do-sol-la"，位居第四个音引领的与第一个线条重合的"la-sol-mi-re/mi-re-si-la"。它们似连环扣一般，一环扣一环地将贾宝玉"剪不断理还乱"的相思之苦表达得淋漓尽致。

第二段将绵长句式变为短句："la-sol-la-mi-mi/sol-do-la-re-re"对应"展不开眉头/捱不明更漏"，再上行三度模进做叠句重复，将压抑的情绪进一步挤压，而后似哭泣的虚词"呀"突然将紧缩的节奏拉宽、伸长。好一个一紧一松，将人物内心的苦楚迸发式地全部释放出来。这种强大的推动力量，充满了戏剧性。

中西融合中力求突显民族风格的创作理念在这首作品中得到了充分展现，刘雪庵的作曲技术手法在这里也达到了炉火纯青的境界。这是他所有作品中的经典之作，也是中国近代艺术歌曲的经典之作。

五、结　语

刘雪庵从 20 世纪 30 年代起便开始了他的音乐活动及音乐创作，一直到中华人民共和国成立之后仍笔耕不辍,创作了大量作品。仅从上述的创作中,可以梳理和总结以下几个方面的特征。第一,在他音乐创作的主要领域即声乐作品中,以抒情歌曲见长,包括电影和戏剧中的插曲。第二,刘雪庵是兼文学造诣及音乐造诣于一身的音乐家。他的歌词创作展示了一位作曲家深厚的文学底蕴,他的音乐创作亦显示出他文人音乐家的气质。第三,在运用音乐这样的特殊载体和语言时,刘雪庵将不断娴熟的作曲技术渗透在作品创作中。这不仅表现在他擅长的抒情歌曲的创作中,同时也表现在群众歌曲的创作中。即以严谨的逻辑、缜密的思维、雅俗共赏的旋律来反映作品深刻的思想性,而非简单的"口号式"的音乐语言。第四,民族化的音乐语言为他创作的主要追求和目标。这表现在他大量的作品几乎都是采用中国的五声性旋律写成的。在借鉴和学习西方的音乐体裁、结构、和声等创作技法的同时,突显中国音乐的韵味及个人风格。这也是他与同时代音乐家在共性音乐创作中的不寻常个性表现。

　　刘雪庵的音乐创作及音乐活动,折射出了那个时代中国音乐家的影子。包括黄自及其弟子,他们是一群人,他们的创作是从20世纪初期到30年代以来,中国音乐文化转型、成型、成熟、发展的标志。他们不仅在技术上以"兼收并包"的理念进行实践,而且在民族存亡的生死关头,挺身而出,站在中国文化的前沿,站在历史的风口浪尖上用音乐这一武器呐喊。正像"中华全国歌咏协会成立宣言"中写的那样:"我们是一群音乐工作者,所以,我们也应当尽我们的力,那就是说,我们要用歌咏去发动民众,组织民众,把他们唱上战场,为中华民族的解放而斗争!"刘雪庵在1937年10月《战歌》第4期中写道:"歌咏运动是配合着伟大的救亡运动而产生出来的奇葩;它是救亡运动中有力的一环。对于民众救亡意识的唤起,曾经尽过相当的任务,它虽然是从救亡运动产生出来,但是它却转而掀起过救亡运动的高潮。"

　　刘雪庵作为近现代中国音乐家,尽管人生坎坷,但这并不能遮蔽在他身上曾发出的光芒。他和同时代音乐家一样,生长在中华民族最为艰苦却伟大的时代,同样,他们也把自己的热情和忠诚献给了这个时代。他们是中国近代音乐文化发展的推进者,也是中华民族坚韧不屈的代言者。无论是他们留下的作品还是精神,都成为中国近现代音乐文化宝库中的一笔财富,并值得我们深深地思考和研究。

参考文献:

[1]刘雪庵.布谷[M].上海:商务印书馆,1936.

[2]刘雪庵.巾帼英雄[J].战歌,时间不详.

[3]刘雪庵.刘雪庵作品选[M].北京:中国文联出版社,2002.

[4]李淑琴.关于《刘雪庵作品选》中的某些史料问题[J].中国音乐,2006(1).

刘雪庵音乐创作理念研究

于 峰

(南京师范大学 江苏 南京 210024)

摘 要：

刘雪庵是我国近现代音乐史上"争议"最大的音乐家之一，近年来对他的研究主要集中在生平、音乐作品等方面，而对其音乐评论文章的研究则较少。他的音乐评论文章据不完全统计有五十余篇之多，其中蕴含着他对音乐创作、音乐批评、音乐教育、音乐美学等方面的理念。在音乐创作理念方面，主要涉及词曲关系、发展民族音乐、为工农兵服务、音乐创作与批评相结合等。

关键词：

刘雪庵 音乐创作 理念 批评

刘雪庵是我国近现代音乐史上著名的音乐家，是黄自"四大弟子"之一，在音乐创作、音乐评论、音乐教育、社会音乐活动等方面均有建树。在音乐创作方面就有抗战歌曲、电影音乐、艺术歌曲、器乐曲等。具体作品有《流亡三部曲》《长城谣》《出征歌》《枫桥夜泊》《红豆词》《何日君再来》以及器乐曲《中国组曲》《飞雁》等。音乐评论方面，他在《战歌》《人民日报》《光明日报》等期刊、报纸上发表了《目前的歌咏工作》《作曲与配词》《歌曲作法》等五十余篇文章。音乐教育方面,他曾在青木关国立音乐学院、国立社会教育学院、北京艺术师范学院、华东师范大学、中国音乐学院等学校任教,并担任管理工作。社会音乐活动方面,他创办《战歌》杂志,参加"歌曲作者协会""中华全国歌咏协会",组织救亡歌咏运动等。由于特殊的历史原因,其很多作品没有受到应有的重视,甚至有的作品成为他的"黑历史",受到长期的质疑甚至诋毁。刘雪庵个人也在特殊历史时期受到了身体和心灵的创伤。近年来,对刘雪庵的研究主要集中在对其生平的介绍、音乐作品的批评与分析等,对其音乐评论方面的研究则较少。《刘雪庵文集》中收录了其音乐评论文章五十篇,虽然不是其音乐评论文章的全部,但该文集是迄今为止对刘雪庵音乐评论文章的最全面收集。刘雪庵的音乐创作离不开创作理念的支撑,创作理念蕴含于他的这些音乐评论文章之中,所以对其音乐评论文章的研究至关重要。本文主要对刘雪庵音乐创作理念进行研究,从词曲关系、发展民族音乐、为工农兵服务、音乐创作与批评相结合等方面入手,分析其音乐创作理念上的核心观念。

一、词曲关系

近代以来,自"学堂乐歌"问世,西洋音乐旋律配以中国歌词成为风靡一时的音乐现象。在词曲关系上,"学堂乐歌"一般表现为先有曲,后有词,"依曲填词",即根据曲调表现出来的情感和旋律走向特点配以相应的歌词。随着我国留学生对西洋音乐作曲理论学习的深入,国人自己谱写的歌曲也逐渐问世,它们有的是"依曲填词",有的是"倚词谱曲"。这两种词曲创作方式没有贵贱之分,只是创作方式的不同。

近代学者对词曲的研究,如孙鼎所说:"夫欧美之曲调,谱欧美之诗歌,固甚善也。何者,适乎歌喉耳。惟以之为吾国歌词之谱,则不合者众矣。"[1]他认为欧美的曲调配以中国歌词不相合。并认为"盖歌词之所以谱者,严乎音节之微耳。歌词往往于抑扬转折中传神理,曲调则随歌词之抑扬转折,为抑扬转折者也。若曲调之抑扬转折,适合乎歌词之抑扬转折,则可取之以为谱,否则不能"[2]。即曲调需配合歌词的抑扬转折。孙鼎对"学堂乐歌"中的外国曲调配以

---

[1] 张静蔚.中国近代音乐史料汇编:1840—1919[M].人民音乐出版社,1998:236.
[2] 张静蔚.中国近代音乐史料汇编:1840—1919[M].人民音乐出版社,1998:236.

中国歌词及词曲的关系进行了批评。20世纪30年代以来,音乐家们对词曲关系的论述,如冼星海认为"词曲作者是不能分离的,只有两者能密切地结合,才能产生时代需要的歌曲。"①"歌词作者能充分地和作曲者结合起来的话,他们对于'量'的方面可以增加;由'量'的增加,才可以选择出'质'的杰作。只有联合词曲作者一致,才能达到目的"②。聂耳在评价百代公司"新声会"第一次唱片试听时认为"歌词和曲调,不论是在内容上和形式上都配合得很为恰当,绝非一般善于抄袭者所能办得到的"③。可见,近代以来,学者、音乐家们对词曲关系的讨论由来已久,在这种学术和音乐创作背景下,刘雪庵对音乐创作中的词曲关系做了一系列的阐述。

刘雪庵在音乐创作上非常注重词曲关系,对"依曲填词"与"倚词谱曲"有很深的认识,他认为作曲是"由诗的内容引起音乐的意象"④,填词是"由音乐的内容引起诗的意象"⑤。而且认为在这两种音乐创作方式中,"普通作歌,都是先有词后制谱"⑥,即"倚词谱曲"。并对好歌词的标准表述为"字句的优美整饬""含得有音乐性"⑦,在有了好歌词的同时,对歌词进行谱曲需"把握剧中情绪""乐句自然流畅""曲体不拘谨呆滞""字音清晰明了""轻重高低长短疾徐之配置""能发挥曲中情趣的配器"⑧。可见,刘雪庵对旋律、曲式、节奏、配器等方面均有论述。在具体的倚词谱曲步骤上,刘雪庵认为先要"把词句按着它的长短疾徐抑扬轻重朗读熟记",这样才能让"作曲的情趣自发起来",然后"把握着主题跟诗的变化延续开展",随后进行记谱"吟唱",最后"在琴上试验它的效果"。从而保证词曲达到"字音清楚、句读正确、段落明显、情趣吻合"的效果。⑨在歌曲创作过程中,还要注意"四多",即"眼勤多看音乐作品(当然以歌曲为主);耳勤多听音乐作品;口勤多唱音乐作品;手勤多写一些歌曲作品"。除此

---

① 《冼星海全集》编辑委员会.冼星海全集(第一卷)[M].广州:广东高等教育出版社,1989:32.
② 《冼星海全集》编辑委员会.冼星海全集(第一卷)[M].广州:广东高等教育出版社,1989:32.
③ 《聂耳全集》编辑委员会.聂耳全集(下卷)[M].北京:文化艺术出版社,1985:85.
④ 刘雪庵.作曲与配词[J].战歌,1938年5月,1(8):23.
⑤ 刘雪庵.作曲与配词[J].战歌,1938年8月,1(11,12):15.
⑥ 刘雪庵.刘雪庵文集[M].内部资料,2007:16.
⑦ 刘雪庵.刘雪庵文集[M].内部资料,2007:16.
⑧ 刘雪庵.刘雪庵文集[M].内部资料,2007:16.
⑨ 刘雪庵.写给读者一封信[J].战歌,1937年10月,1(3):页码不详.

之外，音乐创作还要"分析别人的作品"，以吸取别人创作上的经验得失，并总结自己的创作经验。还要"多读音乐批评文章"①。

刘雪庵反对音乐创作上"旧瓶装新酒"的说法，认为利用同一乐曲填以不同的歌词这种"旧瓶装新酒"的方式进行创作，其词曲意趣"固然用不着谈吻合不吻合"，乐曲亦不是"没有生命和特性的无机体"。② 在电影音乐创作上，刘雪庵认为曲调要"力长浅近"，节奏"力求明显"，和声伴奏"加工简单"，曲调意趣"纯正"，最重要的是还要尽量"切合剧情"。③ 他在观赏歌剧《秋子》时，认为作曲家对人声不够了解，旋律的写作不适合各个声部，在音域和声部的结合上略显混乱。可见，刘雪庵在音乐创作上，尤其在歌曲创作上，认为需把握人声的特点，进行"量体裁衣"式的创作。④

二、发展"民族音乐"与"民族化音乐"

对待我国民族音乐和西洋音乐的问题，源于近代以来对中西问题的讨论，从魏源等提出的"师夷长技以制夷"到"洋务派"提出的"中体西用"论，逐渐形成了学习西方为我所用的思潮。在音乐方面，也出现了关于中西音乐的争论，"全盘西化"⑤，"西乐为主、改造中乐"⑥这两种观点较为盛行，匪石认为"世人其不言乐，苟有言，则于古乐今乐二者，皆无可取矣"，我国古今之乐"皆无可取"，固呼吁"对于音乐改良问题，而不得不出一改弦更张之辞，则曰：西乐哉，西乐哉"⑦。曾志忞则认为"有识者于是以洋曲填国歌，明知背离不合，然过渡时代，不得已借材以用之"⑧，以西乐改造中乐是在"过渡时代"不得已的做法，"借材以用之"方能改造中乐。在创造中国"新音乐"的讨论中，萧友梅、黄自、赵元任等人都在中西音乐问题上提出了自己的看法。黄自认为"我们现在所要的是学西洋好的音乐的方法，而利用这种方法来研究和整理我国的旧乐与民

---

① 刘雪庵.刘雪庵文集[M].内部资料，2007：58.
② 刘雪庵.作曲与配词[J].战歌，1939年4月，2(2)：页码不详.
③ 刘雪庵.刘雪庵文集[M].内部资料，2007：19.
④ 晏青.评《秋子》[J].音乐月刊，1942(5)：页码不详.
⑤ 冯长春.中国近代音乐思潮研究[M].北京：人民音乐出版社，2007：57.
⑥ 冯长春.中国近代音乐思潮研究[M].北京：人民音乐出版社，2007：64.
⑦ 冯长春.中国近代音乐思潮研究[M].北京：人民音乐出版社，2007：64.
⑧ 冯长春.中国近代音乐思潮研究[M].北京：人民音乐出版社，2007：65.

谣,那么我们就不难产生民族化的新音乐了"①。贺绿汀认为"我们如果要发展自己的民族音乐,就非借鉴外国进步的音乐技术与理论不可。当然,外国的音乐理论技术也必须与中国具体实际相结合,才能有用"②。吕骥认为研究民族音乐应该"从它本身出发,分析它自身所具有的规律,然后根据中国的社会生活与其发展的历史,予以合乎实际的解释"。在西洋音乐的问题上,他认为应"研究西洋音乐的经验,批判那些不适合于我们的东西,吸取某些适合于我们的经验与方法,以及适合于表现我们的斗争生活的技术"③。

上述几位音乐家对民族音乐的论述和对待民族音乐及西洋音乐的态度,让我们明晰了20世纪初以来关于中西音乐的论争经过。从他们的阐述中可以看出,他们对民族音乐实际上有两个提法,一是"民族音乐",即匪石所说的"我国古今之乐",曾志忞所说的"中乐",贺绿汀所说的"民族音乐"等。毛泽东于1940年1月在《新民主主义论》中提出"民族的、科学的、大众的"④新民主主义文化方针。1945年4月又在《论联合政府》中提出"中国应当建立自己的民族的、科学的、人民大众的新文化和新教育"⑤。毛泽东上述这些对"民族的"文艺的表述均属此类。二是"民族化音乐",即黄自所说的"民族化的新音乐"。对于"民族音乐",众所周知,即以我国传统的民歌、曲艺、戏曲、民族器乐等为主体的音乐形式。然而,"民族化音乐"为何物,其实通过音乐家们的论述,"民族化音乐"的概念呼之欲出。

毛泽东在1956年8月《同音乐工作者的谈话》中针对民族音乐,进一步提出"我们当然提倡民族音乐,作为中国人,不提倡中国的民族音乐是不行的"。"吸收外国的东西,要把它改变,变成中国的"。又说"应当学习外国的长处,来

---

① 冯长春.中国近代音乐思潮研究[M].北京:人民音乐出版社,2007:65.
② 贺绿汀.贺绿汀音乐论文选集[M].上海:上海文艺出版社,1981:47.
③ 贺绿汀.贺绿汀音乐论文选集[M].上海:上海文艺出版社,1981:47.
④ 中国艺术研究院,马克思主义文艺理论研究所,《文艺研究》编辑部.马克思主义文艺理论著作选读[M].北京:文化艺术出版社,1990:149.
⑤ 中国艺术研究院,马克思主义文艺理论研究所,《文艺研究》编辑部.马克思主义文艺理论著作选读[M].北京:文化艺术出版社,1990:482.

整理中国的,创造出中国自己的、有独特的民族风格的东西"。① 毛泽东对音乐工作者提出,要学西方之长用以创造和发展我国民族风格的东西。反映在音乐上,也就是应该学习西洋音乐之长,以创造和发展我国的民族音乐。这个学习西洋音乐之长来改造我国民族音乐的过程是"民族化"的过程,所以"民族化音乐"则是近代以来以西洋音乐作曲理论为框架,配以中国歌词或者运用西洋音乐作曲理论对民族音乐进行改编(或加以民族音乐元素)构成的音乐形式。"民族音乐"与"民族化音乐"有截然不同的特点,但相通之处就是音乐的"民族性"。

刘雪庵在音乐创作上致力于"民族音乐"的发掘和"民族化音乐"的创作与改编。在"民族音乐"的发掘上,他认为进行"民族音乐"的发掘,"必须深入群众中去,向群众学习"②"深入群众的斗争生活中去体会群众的思想感情"③"学习群众的乐汇语言很好地把它组织起来表现出来"④,进行创作以后"拿去教育群众",这样的音乐"群众乐于接受",会收到很好的效果。他还引用了高尔基对劳动人民口头文艺的评价,"最深刻,最鲜明,在艺术上达到完美的英雄典型乃是民谣,劳动人民的口头创作所创造的","如果不知道劳动人民口头创作,那就不可能懂得劳动人民的真正历史,这些人民的口头创作是不断地和决定地影响到最伟大的书本文学作品的创造"。⑤

在"民族化音乐"的创作与改编上,他认为需以"适应中国人民的需求"为前提,运用西方音乐作曲理论,创作"为其他国家作者所不能写的",具有"中国风格"的"民族音乐"。⑥ 他认为把我国民歌进行搜集,运用西洋作曲理论进行创作、改编,这不只"适合民众的口味",而且可以"创作一派国民音乐",还可以在国际艺术舞台上"为我国艺术争得相当地位"⑦。

---

① 中国艺术研究院,马克思主义文艺理论研究所,《文艺研究》编辑部.马克思主义文艺理论著作选读[M].北京:文化艺术出版社,1990:489.
② 刘雪庵.刘雪庵文集[M].内部资料,2007:55.
③ 刘雪庵.刘雪庵文集[M].内部资料,2007:58.
④ 刘雪庵.刘雪庵文集[M].内部资料,2007:58.
⑤ 刘雪庵.刘雪庵文集[M].内部资料,2007:55.
⑥ 刘雪庵.刘雪庵文集[M].内部资料,2007:53.
⑦ 刘雪庵.刘雪庵文集[M].内部资料,2007:9.

三、为工农兵服务

"文艺为工农兵服务"是毛泽东在 1942 年 5 月 2 日《在延安文艺座谈会上的讲话》中提出的文艺创作的指导思想,"我们的文学艺术都是为人民大众的,首先是为工农兵的,为工农兵而创作,为工农兵所利用的"①。同年 5 月 28 日,毛泽东在《文艺工作者要同工农兵相结合》中指出"文艺家要向工农兵取材,要和工农兵做朋友,像亲兄弟姐妹一样"②。1948 年 6 月,《联大鲁艺的教育目的和原则》中规定,文艺人才必须具备"正确的为工农兵服务的方向"③,1949 年 7 月 2 日,第一次全国文代会中明确指出中华人民共和国成立以后"文艺必须为人民服务,首先必须为工农兵服务总的工作方向"④。可见,自 20 世纪 40 年代以来,文艺为工农兵服务的指导思想始终是文艺创作、音乐创作的主流。

刘雪庵在《在延安文艺座谈会上的讲话》《文艺工作者要同工农兵相结合》等毛泽东的讲话及文代会中确定的中华人民共和国成立后文艺方针的背景下,提出了"音乐创作为工农兵服务"的理念。他认为音乐艺术的主要内容就是"工农兵火热的斗争生活中所产生的挚烈的思想感情"。如果没有工农兵的斗争生活,就没有思想感情的起伏波动,"也就没有音乐的起伏波动,没有什么节奏与旋律""没有表现工农兵心声的音调,严格说来就没有音乐"。可见,刘雪庵认为音乐与工农兵生活有着密切关系。所以,在进行音乐创作时,特别是歌词的内容"必须要求为社会主义,为工农兵,为世界革命斗争服务"。在歌词的语言上,"要精练美妙,从工农兵生活当中升华出来",这样的歌词才能"为工农兵所乐于理解接受",总之,工农兵的斗争生活是进行音乐创作的原始素材。⑤

刘雪庵认为"体现工农兵思想感情是我们作曲者头等重要的问题",对于怎样体现工农兵思想感情,他认为有三点,一是"很用心地去体验和记忆工农兵的看法同情感反应的自然形态",即用心体验工农兵的喜怒哀乐,并把这些喜怒

---

① 中国艺术研究院,马克思主义文艺理论研究所,《文艺研究》编辑部.马克思主义文艺理论著作选读[M].北京:文化艺术出版社,1990:454.
② 中共中央文献研究室.毛泽东文集(第二卷)[M].北京:人民出版社,1993:424.
③ 张援,章咸.中国近现代艺术教育法规汇编 1840—1949(新版)[M].上海:上海教育出版社,2011:532.
④ 杭州大学中文系现代文学教研组.建国十年文学参考资料[M].杭州:杭州大学出版社,1961:3.
⑤ 刘雪庵.刘雪庵文集[M].内部资料,2007:58.

哀乐作为"创作的动机与情绪的材料""对工农兵的声音在各种条件影响下做各种细致深入的观察分析,然后才能做具体精确的描绘"。二是"要学习工农兵群众表现思想感情的艺术形态",即工农兵劳动时的呼声、歌唱等。因为"这些原始的艺术形态就是一切高级艺术的底层",是"一切加工艺术形态取之不尽用之不竭的唯一源泉"。三是"必须要求我们作者的思想感情与工农兵的思想感情交流融合",即音乐创作的过程是"自己工农兵化的思想感情改造的过程"①。

在具体的音乐创作实践中,为了表现工农兵的思想感情,刘雪庵认为"音乐表现手法有了不断扩大的提高的要求,调式的运用就得到了丰富和发展","多样性的节奏表现,尤为丰富多彩"。可见,刘雪庵认为表现工农兵的思想感情需要在音乐创作技术层面丰富音乐表现手法,如调式的运用。此外,他还认为工农兵劳动生活中割稻、采棉、打夯等不同活动应有不同的节奏特点,这些活动"表现在节奏方面的时值长短、强弱、快慢必然也随之而异"②。

四、音乐创作与批评相结合

音乐批评对于音乐创作的促进作用是毋庸置疑的,张前认为"音乐批评之对于音乐,就像水和空气一样重要,没有正常的音乐批评,音乐的创作、表演和音乐生活就很难健康地持续发展"③。曾遂今认为"音乐批评,也就是人们对音乐文化事物,或创作,或表演,或宏观的文化现象,进行是、非、优、劣的评判,以促进社会音乐文化的健康有序发展的活动"④。居其宏认为"健全的音乐批评除了具备武器功能之外,它还应当是音乐艺术事业发展繁荣的助推器和营养液。它存在的全部价值和目的,是促进音乐艺术的健康发展和全面繁荣"⑤。可见,音乐批评对于音乐艺术发展的重要意义。

20世纪以来,音乐家们对音乐批评进行了初步探索,蔡元培论及美育认为"且美之批评,虽间亦因人而异,然不曰是于我为美,而曰是为美,是亦以普遍性

---

① 刘雪庵.刘雪庵文集[M].内部资料,2007:58.
② 刘雪庵.刘雪庵文集[M].内部资料,2007:58.
③ 明言.20世纪中国音乐批评导论[M].北京:人民音乐出版社,2002:1.
④ 曾遂今.音乐传播学理论教程[M].北京:中国传媒大学出版社,2014:58.
⑤ 居其宏.音乐界实用本本主义思潮研究[M].北京:中央音乐学院出版社,2012:259.

为标准之一证也"①。而且在进行批评时要注意"去批评人家时,也要考察他人所处的环境怎样而下断语才是"②。黄自认为"评论艺术难,评论音乐更难"。并认为"批评艺术者必须先能充分了解作品的背景,才可下准确的评语"③。贺绿汀肯定音乐批评的作用,认为"对音乐创作的批评虽然不多,但对创作所起的作用并不见得好。上面谈到的一些混乱思想,有些账是应该算在批评者名下的"。但也认为音乐批评应该是以"商讨的态度,给予善意的批评和帮助,必须全面地对其优点加以鼓励,同时指出缺点"。"批评家好像园丁爱护花木一样,首先就要爱护它,其次就要能够具体了解它的生长规律,然后才能谈到如何施肥、锄草、剪枝"④。毛泽东在《在延安座谈会上的讲话》中提及文艺批评时认为"文艺界的主要的斗争方法之一,是文艺批评。文艺批评应该发展,过去在这方面工作做得很不够,同志们指出这一点是对的"⑤。无论上述音乐家认为音乐批评应该持何种态度,应该如何对待音乐创作,但均对音乐批评的功用予以肯定。

刘雪庵认为音乐创作需与音乐批评相结合,他认为音乐批评对音乐创作有很大的促进作用,"好的音乐批评,它又是从音乐作品的出版与演奏,根据社会主义现实主义的音乐美学观点,具体指出其长处或短处,来帮助作家和作品的提高,同时也教育读者认识作品的好坏及其形成的原因,使达到更好地为人民服务的目的"⑥。从刘雪庵关于音乐批评对音乐创作的促进作用的论述我们可以看出,好的音乐批评涉及音乐作品的评价,还要依据科学合理的音乐美学理论,其目的在于帮助音乐家提高创作水平,而且还为观众指明了欣赏作品的方向,从而实现为人民服务的最终目标。他认为"发展有利于创作事业的正确批评是建设社会主义音乐文化的必要条件"⑦。可见,刘雪庵对音乐评价功能的

---

① 聂振斌.蔡元培文选[M].天津:百花文艺出版社,2006:74.
② 聂振斌.蔡元培文选[M].天津:百花文艺出版社,2006:123.
③ 上海音乐学院《黄自遗作集》编辑小组.黄自遗作集(文论分册)[M].合肥:安徽文艺出版社,1997:45.
④ 贺绿汀.贺绿汀音乐论文集[M].上海:上海文艺出版社,1981:54.
⑤ 中国艺术研究院,马克思主义文艺理论研究所,《文艺研究》编辑部.马克思主义文艺理论著作选读[M].北京:文化艺术出版社,1990:454.
⑥ 刘雪庵.不怕跟内行吵架——谈创作与批评[J].人民音乐,1957(5):2.
⑦ 刘雪庵.不怕跟内行吵架——谈创作与批评[J].人民音乐,1957(5):4.

认识已经上升到"建设社会主义音乐文化""为人民服务"的"国家层面"。

在音乐创作与音乐批评的关系上，他认为"批评无创作就失去了批评的对象，创作无批评，就自生自灭无法改进也无法扩大创作影响"可见，刘雪庵认为音乐创作与音乐批评相辅相成，互相促进。在如何进行音乐批评上，他认为在进行音乐批评时，"要很好地运用辩证唯物主义、历史唯物主义的观点方法，根据自己对于生活的深刻了解来对我们中国具体时代的具体作家、具体作品做具体的艺术分析"①，这样才能符合音乐批评的要求。并认为要把"创作力量和批评力量组织起来，结合实际，学习马列主义，学习社会，学习音乐专业，要根据具体作家、具体作品、具体条件来进行工作"②。在音乐批评上还需注意要进行实事求是的具体分析，根据乐曲的意义和作用，进行通盘的考量，不能"一棒子打死""一脚踢开"③。

五、结　语

刘雪庵在音乐创作实践和音乐创作理念上均有大量成果问世，在特殊的历史时期，其部分音乐作品长期受到贬低、污蔑，以至于在他整个人生中都留下了阴影和遗憾，而他的音乐创作理念就更不被人所重视。刘雪庵在词曲关系、发展民族音乐、音乐创作为工农兵服务、音乐创作与批评相结合等方面的音乐创作理念是对近代以来至抗战时期及中华人民共和国成立前后音乐界音乐思潮的总结，在我国近现代音乐史上占有重要地位。对《何日君再来》的批判与"平反"已成历史，对刘雪庵的研究仍在继续，在关注其音乐作品的同时关注其音乐创作理念，应是我们今天研究刘雪庵的落脚点。

参考文献：

[1] 张静蔚.中国近代音乐史料汇编：1840—1919[M].北京：人民音乐出版社，1998.

[2]《冼星海全集》编辑委员会.冼星海全集[M].广州：广东高等教育出版社，1989.

[3]《聂耳全集》编辑委员会.聂耳全集[M].北京：文化艺术出版社，1985.

[4] 刘雪庵.刘雪庵文集[M].内部资料，2007.

---

① 刘雪庵.不怕跟内行吵架——谈创作与批评[J].人民音乐，1957(5)：2-3.
② 刘雪庵.不怕跟内行吵架——谈创作与批评[J].人民音乐，1957(5)：4.
③ 本刊记者.说出了心腹话——作曲家对音协提出尖锐批评[J].人民音乐，1957(6)：2.

[5]冯长春.中国近代音乐思潮研究[M].北京:人民音乐出版社,2007.

[6]贺绿汀.贺绿汀音乐论文选集[M].上海:上海文艺出版社,1981.

[7]杜忠明.毛泽东名言故事[M].沈阳:辽宁人民出版社,2014.

[8]中国艺术研究院,马克思主义文艺理论研究所,《文艺研究》编辑部.马克思主义文艺理论著作选读[M].北京:文化艺术出版社,1990.

[9]中共中央文献研究室.毛泽东文集[M].北京:人民出版社,1993.

[10]张援,章咸.中国近现代艺术教育法规汇编1840—1949新版[M].上海:上海教育出版社,2011.

[11]杭州大学中文系现代文学教研组.建国十年文学参考资料[M].杭州:杭州大学出版社,1961.

[12]明言.20世纪中国音乐批评导论[M].北京:人民音乐出版社,2002.

[13]曾遂今.音乐传播学理论教程[M].北京:中国传媒大学出版社,2014.

[14]居其宏.音乐界实用本本主义思潮研究[M].北京:中央音乐学院出版社,2012.

[15]上海音乐学院《黄自遗作集》编辑小组.黄自遗作集[M].合肥:安徽文艺出版社,1997.

[16]李明忠.何日君再来——刘雪庵传[M].重庆:重庆出版社,2015.

[17]余峰.论刘雪庵[M].内部资料,2007.

[18]聂振斌.蔡元培文选[M].天津:百花文艺出版社,2006.

抗战歌曲的历史解读与当代诠释
——刘雪庵抗战歌曲综览

郑婉纯

（华南理工大学　广东　广州　510006）

摘　要：

　　刘雪庵是我国20世纪音乐史上著名的音乐家、作曲家，为黄自先生"四大弟子"之一。纵观他一生的创作，抗战歌曲占有相当重要的位置，本文主要针对刘雪庵的抗战歌曲进行探析，将其置于当时的历史语境进行探讨，总结其创作的特点，并进一步探讨其在今天的影响。

关键词：

　　刘雪庵　抗战歌曲　创作特征　苏州　意义诠释

　　刘雪庵[①]，一位被载入《大英百科全书·世界名人辞典》的著名音乐家、作曲家。他生于四川铜梁，也就是今天的重庆地区，但无论是从他人作传，还是从其音乐作品看，他给人的感觉都不像火辣的川汉子，反而更像江南水乡的文人。

　　事实也正是如此！

　　在20世纪三四十年代的时代背景下，抗战歌曲成为苏州人民的精神力量。

---

① 刘雪庵，原名廷玳，笔名有晏如、吴青、苏崖等，1905年11月12日生于四川铜梁（今重庆铜梁），终年80岁。

苏州人民对于刘雪庵的认识也正是来源于他的抗战歌曲,人未到苏州,其抗战歌曲早已在姑苏城中传遍,如20世纪40年代的《长城谣》。苏州人真正了解刘雪庵是在他任教于苏州后,自20世纪40年代开始,刘雪庵应聘到国立社会教育学院①(苏州大学前身之一)任教,担任艺术系教授和音乐科主任,1947年随校迁至苏州拙政园工作,并先后执教于苏州社会教育学院、苏南文教学院、江苏师范学院。文化古城滋养了他并见证了他的成长,或许这就是刘雪庵作为一个铜梁人却频繁出现在有关江南音乐的史料中的原因所在,在杨和平的《江南音乐史》中,刘雪庵更是唯一被收录的"外乡人",而且直至今天,苏州人提起刘雪庵都有一种"自己人"的感觉。

  刘雪庵的一生,充满了对音乐的执着和追求,他秉承"中西融合"的创作理念,致力于民族音乐创作的探索,作品中始终贯穿着爱国主义的红线,抗战歌曲成为刘雪庵创作的重心。在这些抗战歌曲中,《长城谣》《流亡三部曲》可谓当中的常春藤,它们曾因为特殊原因被停止传唱,自1982年秋,香港著名音乐家林声翕、张汝钧等在"中国近代音乐史声乐作品展"上展出《长城谣》②,继之,上海歌手沈小岑又将此曲录制成磁带,大量发行至海内外,《长城谣》才被广为传唱。台北教育大学赵琴教授在采访中说道:"《流亡三部曲》《长城谣》在台湾的每一个有关抗战的音乐会里几乎都会被选唱……"③,走过历史的长河,作为抗战歌曲的《长城谣》至今仍活跃在国内外的舞台上。

  此番借苏州音乐节征文之机,又逢中华人民共和国成立70周年,笔者不由自主地将目光投向了刘雪庵的抗战歌曲,从1931年9月18日日本发动九一八事变伊始,中国历经风雨沧桑14载,这些抗战歌曲以一串串炽烈音符为炮弹,发出进军号角,呐喊出正义的呼声,激励全国各地人民奋起抗战,再回首时,这些抗战歌曲就像流星一样闪耀、透过岁月的迷雾与硝烟,在历史的天空划过。笔者尝试置于历史的语境下,重新解读刘雪庵的抗战歌曲,同时探讨他的抗战歌曲在当代的意义诠释,力求对刘雪庵的抗战歌曲有一个较全面的观照。

---

① 因新校址修建未完,国立社会教育学院迁往苏州拙政园。
② 李世军.含笑挥弦飞远苑 音容德品驻人间——刘雪庵及其音乐思想研究[D].中国音乐学院,2007.
③ 赵琴在电视采访中所提。

抗战14年来，刘雪庵共创作了抗战歌曲100多首，但"文革"中许多谱子已经丢失，通过各界的努力，2002年中国文联出版社出版了《刘雪庵作品选》，其中收录了刘雪庵具有代表性的抗战歌曲，下文关于抗战歌曲的分析也主要以此作品集中的谱例为主。

一、国忧作谱笔为戈，战火纷飞踏入歌

《刘雪庵作品选》中共收录歌曲73首（1949年前67首，1949年后6首），其中抗战歌曲33首（内容具有救亡抗战意味），穿越历史风云，这些乐章呈现在我们眼前，实属不易。1931年2月5日，刘雪庵考入上海国立音乐专科学校，正式系统学习理论作曲。当时正值中华民族危机严重之时，这也注定了他后来的创作与祖国命运的相结合。

九一八的炮火，日本侵略者的铁蹄，激起了中国人民的抗战怒火，但国内当权者对待日本关东军的挑衅竟采取不抵抗政策，致使东北官兵被迫流亡关外，耳闻目睹者，心头无不悲苦怨愤，"好男儿愿将国报，有热血誓洒今朝，能把倭寇打倒，何须万古名标！"《杀敌歌》《我是军人》《卫我中华》《空军进行曲》等歌词跃然纸上。此时，全国掀起了第一次抗日救亡运动，上海音专成立了抗日救国会，国忧作谱笔为戈，战火纷飞踏入歌，在校长萧友梅的号召下，刘雪庵的创作开始改变。

隔年，一·二八淞沪抗战爆发，日本侵略者进攻上海，一夜之间，上海滩撒下了惨痛的鲜血，充斥着悲哀的哭声……在时任上海音专院长萧友梅的要求下，刘雪庵和黄自、廖辅叔、江定仙一起创作抗日歌曲，编辑出版了歌曲集《前线去》，其中收入了他自己创作的《前线去》《前进曲》《出发》三首歌，歌曲内容均为鼓励百姓上前线抗敌。（遗憾的是，《作品选》中并未收录）不久一二·九运动爆发，刘雪庵组织上海音专学生走上街头游行请愿，声援北京爱国学生运动。随后，他参加了中国音乐界抗日民族统一战线组织的"词曲作者联谊会"。这期间，刘雪庵与王绍清合作谱写了《战歌》："战战战！一齐上前线，报仇雪恨，奋勇当先。哪怕敌人的强暴野蛮，只要我们英勇壮胆，抱着牺牲的决心去干，争得光荣的凯旋！"

1937年7月7日，卢沟桥事变爆发，上海抗日救亡协会召集音乐界人士，共商团结抗日事宜,刘雪庵在会上提出创办专发抗战作品的音乐周刊——《战歌》,并承担编辑任务,历时约三年,辗转上海、武汉、重庆三地,发行了2卷18期。所收录主要作品内容为反映时事,在一定程度上起到宣传抗战的作用,同时鼓舞民众。

1937年10月1日,《战歌》创刊号面世,在此间,刘雪庵刊发了《募寒衣》《中国空军军歌》《长城谣》《战歌》《巾帼英雄》《碑颂》《离家》《上前线》(《流亡三部曲》之二、三,又名《流之曲》《复仇曲》)、《满江红》《游击队歌》《伤兵慰劳歌》等,其中当数《长城谣》和《流亡三部曲》影响力最大。这些歌曲不仅在上海产生了巨大影响,还传播到全国各地,为全国范围的歌咏活动提供了很好的歌唱素材。

1940年10月19日,震惊中外的皖南事变激怒了万千国人,"苟利国家生死以,岂因祸福避趋之",刘雪庵和郭沫若联手创作诗剧《屈原》:《橘颂》起兴,《礼魂》奏起,《渔父吟》愤不平,《招魂》阴森怪诞,《惜诵》悲痛,最终《雷电颂》爆发,刘雪庵把满腔的悲愤与爱国热情倾注之,以音符作刃,意用屈原的悲剧警醒人民。此剧一出,反响空前。遗憾的是,《屈原》总谱曾经遗失,《刘雪庵作品选》中仅收录《惜诵》。不久后,刘雪庵因为拒给《苏武留胡》配乐而遭青木关音乐学院解聘,转而受陈礼江邀请出任国立社会教育学院艺术教育系的系主任兼音乐教授。他在教学的同时仍不忘抗战歌曲的创作,《军民联合》《忆南京》《空军驱逐曲》《大家一条心》《保卫大上海》《听祖国的呼唤》《我是军人》等曲子皆在上述背景下诞生。

除了《刘雪庵作品选》中收录的33首抗战歌曲(表1)以外,还有《军民联欢歌》(老舍词)、《燕燕》(刘雪庵词)、《民族至上》(吕庠词)、《满江红》(岳飞词)、《壮志凌云》(叶逸凡词)、《出发》、《前进曲》,及收入爱国歌曲集中的《前线去》《欢迎歌》《巩固统一》《五月的纪念》《中央航空学校校歌》《中国空军歌》《柳条儿长》《起来,工农兵学商》《受难的孩子们》《我爱自由歌》《保家乡》《歌勉空军》(亦有文章谓之《勉励空军》)等歌曲[①]。一位老兵在苏州郊区偶遇刘雪

---

① 杨丽芹.刘雪庵及其歌曲作品研究[D].福建师范大学,2007.

庵时对作曲家这样说道:"我就是唱了你的《长城谣》才参加革命的。"①"一首抗战歌曲抵得上两个师的兵力",刘雪庵的抗战歌曲在日寇大举侵华的紧要关头,不仅唱出了全国人民的悲愤情怀,更是唤醒了民族之魂,点燃了中华大地上的抗日烽火。

表1 《刘雪庵作品选》收录的33首抗战歌曲

曲名	作词	刊发时间	备注
《空军进行曲》	刘雪庵	1933年	
《长城谣》	潘孑农	1936年	电影配曲
《出征别母》	不详		
《前线去》	不详		一二·九事变
《战歌》	王邵清		
《上前》	不详		
《提倡国货》	刘雪庵		
《我是军人》	刘雪庵		
《先锋歌》	不详		
《前进曲》	不详		
《干干干》	刘雪庵		
《卫我中华》	刘雪庵		
《思故乡》	沈西芩	1937年	七七事变 上海沦陷
《孤军守土歌》	刘雪庵		
《大家一条心》	侯枫		
《保卫大上海》	施宜		
《募寒衣》	柳倩		

---

① 1952年,刘雪庵来到苏州郊区参加土改工作队工作。时任郊区区长在行军路上对刘先生说道:"我就是唱了你的《长城谣》才参加革命的,那时只以为刘雪庵是一位高贵的作曲家,想不到今天我身旁布衣草鞋的你就是刘雪庵!",见陈元杰.刘雪庵先生纪念[J].人民音乐,1989(6):12.

续表

曲名	作词	刊发时间	备注
《巾帼英雄》	桂永清	1938年	
《流亡》	江凌		流亡三部曲之二
《战场》	江凌		流亡三部曲之三
《游击队歌》	徐绍昌		
《伤兵慰劳歌》	光未然		
《赴战》	不详		
《捷报》	田汉		台儿庄战役胜利
《出征歌》	永英	1939年	
《空军之歌》	简朴		
《缝衣曲》	克丽		电影配曲
《孤岛天堂》	蔡楚生		抗战电影配曲
《保家乡主题曲》	郭沫若		
《中华儿女》	熊辉		
《军民联合》	老舍		
《惜诵》	郭沫若	1941年	皖南事变
《忆南京》	陆一	1942年	

二、不薄今人爱古人，清词丽句必为邻

国土沦丧，民族危亡，在救亡图存的大时代背景下，刘雪庵奋笔疾书，写出了众多的抗战歌曲。以人民为中心的创作导向，"大众化、民族化、群众性"的创作准则注定了刘雪庵抗战歌曲现实主义的艺术风格。但与此同时，刘雪庵又是一位专业的作曲家，在让作品体现群众性的同时，刘雪庵努力追求以艺术化的形式呈现。"不薄今人爱古人，清词丽句必为邻"，既植根中华大地的素材，又吸收了来自西方的作曲技法与黄自、赵元任等老一辈的创作手法，在"转益多师"中形成自己的创作个性。

在刘雪庵看来，音乐创作必须"寻求现实的音调，这是音乐创作中寻求音乐

源泉的问题，因为一首乐曲它不是从现实音调中抽象概括出来的音乐语言，不要说是西洋的，即使是民族的而并不活生生地反映现实，也必然得不到人民群众的喜爱"。这是为什么刘雪庵笔下旋律的循环反复中总有一种"似曾相识"的感觉。

一个人的经历往往是解读其作品的内在秘密之一。综览刘雪庵的抗战歌曲，最精髓之处莫过于曲子的旋律，它用来自民间的"种子"建立动机，逐渐将其连成旋律线条，通过刘雪庵的巧妙设计，和声的逻辑融入横向的线条中，具备了全新的调式调性，刘雪庵将线条进行整体的规划（音区音域的规划、结构的严谨、音与字结合方式等方面），形成完整的布局。

1.借用民间曲调

一个人的经历往往是解读其作品的内在秘密之一。自小接触昆曲及民间音乐，学习笛、箫、二胡、琵琶等民族乐器，在刘雪庵的内心深处埋下了传统音乐的种子。故乡铜梁县（今重庆市铜梁区）的龙灯鼓乐、琵琶古曲的音调"凡五六凡尺上"——"fa—la—sol—fa—re—do"、舞蹈"跳加官"与四川民间木偶戏的音乐素材和节奏，外婆家乡（巴川地区）亲人去世的"丧歌"、修新房的"上梁歌"、姑娘出嫁的"坐堂歌"……成了刘雪庵记忆深处的旋律。刘雪庵自幼跟随父亲兄长学习诗词歌赋，在上海音专求学时师从国文大师龙渝生学习诗文，跟随李惟宁学习格律和自由作词，熟悉中国语言的声韵。

出自刘雪庵之手的抗战歌曲，其音乐赋予了诗词声韵以穿透力，曲子的旋律十分注重歌词本身声调的走向，顺从中国音调的发声高低，根据四声阴阳来编配并根据歌词朗诵的效果来划分节奏。旋律以级进为主，旋法大多保持了五声调式中大二度和小三度相连接的"三音组"音调特点，如"do re mi""re mi sol""mi sol la""sol la do""la do re"及其变体进行，与民间音乐的传统音调保持着紧密的联系。

《流亡三部曲》（之二、三）是抗战时期万众传唱、脍炙人口的一组爱国歌曲，对激励民众走向抗日战场发挥了难以估量的推动作用。其中第二部《流亡曲》的旋律吸收了民歌《孟姜女》的曲调（谱例1），《流亡曲》（谱例2）的主旋律实际上就是民歌《孟姜女》的起句（谱例1），其旋律音调在保留了民歌"孟姜女"调特有的大二加小三度三音列的基础上,出现了三次"孟姜女"主题三音列"do-re-mi",其中第二次以模进的方式到达,强调了主题三音列,第三次将音调的时值拉长,以变奏的方式呈现。

谱例1

谱例2

而我们所溯源到的这些抗战歌曲的源种子音调并不是空穴来风,除了埋藏在作曲家心中的民歌音调以外,还有一个人不得不提,那就是时任上海音专外聘教授齐尔品,刘雪庵的创作在一定程度上受到了他的启发,当时上海音专的教材《五声音阶的钢琴教本》就是齐尔品先生所编,此乃中国第一本用五声音阶创作的钢琴教材。教材中,苏南民歌《紫竹调》、河北民歌《小放牛》《送情郎》等音调皆被收录,上文提到的《长城谣》就是借鉴了河北民歌的音调。

第三部《上前线》又名《复仇曲》,通过对比分析,我们可以看出《上前线》(谱例4)动机的旋法和云南民歌《想亲娘》的主题音调一致(谱例3),起句以变奏的方式,使节奏变得短促有力,淡化了《想亲娘》中忧伤怀念的情感,转为鼓励人民抗战的时代强音,第二次在起句的基础上,上四度以更嘹亮的音调重复喊出战斗的口号,在高点时又以深情的音调唱出"你是黄帝的子孙",像"亲娘"般告诉人民身为黄帝的子孙,要担起时代的责任。

谱例3

谱例 4

此外,中国传统的"鱼咬尾""连环扣"的旋法在他谱写的《长城谣》《战场》《忆南京》(谱例5)、《惜诵》等曲子中飞舞、盘旋,使得原本曲折、有休止符的旋律紧密衔接、环环相扣。

谱例 5

2.调式融合

上海音专学习期间,刘雪庵师从黄自,系统地接受了西欧传统作曲理论的训练。他的许多艺术处理都明显受到了黄自先生的影响,如抗战歌曲之一的《提倡国货》与黄自先生的《热血歌》在风格上完全一致。同时其音乐创作也受到了赵元任等老一辈音乐家的影响,假如我们把刘雪庵的歌曲《追寻》与赵先生的《教我如何不想她》比较一下,便可以看出两首歌曲在旋法及风格上是有许多共同之处的。[①] "我们的创作要求在继续民族优良传统的基础上批判地接受外来进步的音乐理论技术",以免"在创作上发生了'中西混杂及不中不西'的现象"[②]。

综览刘雪庵抗战歌曲的调式构成,主要有大调式、五声调式以及两者的融合三种。其中最有特色的当属两者之融合,亦有学者谓之"五声大调式",如歌曲《长城谣》(潘孑农词,1937),是当时一首风行于大后方的抗战歌曲,它是歌曲民族化创作的典范。此曲是由中国民歌典型的结构方式——起、承、转、合的复合句组成。光从谱面分析来看,其是传统的五声F宫调式,但从音响效果来看,又有西方大调式的色彩,此曲之妙便在于此,例如主题句"万里长城万里长"(谱例6),在三音组音调的基础上,作曲家用主和弦分解的方式融入以五声音阶为主的旋律。

[①] 匡慧.刘雪庵的生活道路和创作道路[J].中央音乐学院学报,1985(2):4.
[②] 刘雪庵.刘雪庵文集[M].内部资料,2007:108.

谱例 6

此外,还有另外一种方式——调式拼接的形式,见谱例7。

谱例 7

歌曲《流亡曲》(谱例2、谱例7)以中国五声调式风格的进行来构成旋律的核心。旋律前33小节的齐唱部分是纯粹的宫调式,接下来是两个模进的乐节,作者在模进的旋律中加入清角(4)和变宫(7)两个偏音,从原先的五声宫调式变成七声羽调式,在听觉上又具有西方小调式的感觉,旋律变得伤感,色彩产生变化,而在接下来的全体齐唱部分伊始的三个模进乐节的带领下,整首歌的尾声完全转向了西方大调式,在属—主中完满终止。

在另一首抗战歌曲《上前线》(谱例8)中,作曲家也用了同样的手法,一开始以五声音阶起句,旋律起伏间充满民族风味,第13小节主题再现,可是到了第14小节,音型变得密集,时值缩短,造成一定的紧张效果,尤其 #4、#5 两个音直接形成倾向主音的感觉,紧接着就是 K_4^6—属—主的正格进行,完全奠定了西方大小调式的基调,直至曲终,歌曲旋律都是运用了西洋七声大调式的音阶。

谱例8

综观刘雪庵的抗战歌曲,不外乎以上两种调式融合之法。

从总体的布局来看,刘雪庵的抗战歌曲多是采用常见的分节歌形式,曲调简单,易于传唱,不过他会根据歌词内容的要求,通过变化节奏的手法和展开主题的方式来弥补分节歌带来的重复,给人以新鲜的感觉。此外,抗战歌曲的曲式结构以一段式与二段式居多,内部以中国传统的"起承转合"的布局呈现。

刘雪庵的创作巧妙地平衡了民族音乐与西方作曲技法,旋律的朴实流畅和艺术风格的民族特色,使之具备了雅俗共赏的品格,符合国人的审美,开创了"新音乐"创作之路。

3.爱国红线系心中,姑苏城里续乐思

刘雪庵一生的创作始终贯穿着爱国主义的红线,1931年9月18日,日本军国主义者悍然发动了震惊中外的九一八事变,出兵侵占我国东北,拉开了侵华战争的序幕,十几年间,华夏大地陷入一片战火之中,山河破碎,生灵涂炭。然而就是在这种艰难的条件之下,刘雪庵创作出了优秀的抗战歌曲。

他的这种精神一直贯穿于他的音乐生涯,中华人民共和国成立后,因为一首《何日君再来》备受批判之时,他依旧创作了大量优秀的作品。在苏南文化教育学院教学时,他用戏曲音乐谱写了第一部新歌剧《大义灭亲》。为了让这部戏能为苏南广大观众喜爱,他采用了苏南的"锡剧"音调来写音乐,"簧调""大陆调""铃铃调""迷魂调"等戏曲唱腔在刘先生的笔下都成了歌剧中的唱段与配音,它既有戏曲特色,又有新歌剧的风貌,这是中华人民共和国成立以后用戏曲音乐创作新歌剧的第一次尝试。① 除此之外,还有《土改花鼓》《庆翻身》,以苏南民歌改编的一套弦乐四重奏等,歌曲《庆翻身》(谱例9)借鉴了苏南民歌《紫竹调》(谱例10),歌曲中充满了劳动的力量,但又不失"吴歌"委婉柔美的风格韵味。在抗战结束后,苏州传统的昆曲、评弹等传统音乐百废待兴之时,刘雪庵将它们的音调融入创作,一定程度上推动了苏州音乐的现代化进程。

谱例9

谱例10②

紫 竹 调

苏南民歌

```
1. 6 5. 3 | 2. 1 2 | 3 3 5 6 | 1. 2 7 6 5 | 6 - |
1.问  哥   哥   呀,  这管 箫儿  好  不    好?
2.小  乖   乖   呀,  清水 游去  混  水     里 来。

1. 6 5 3 | 2. 1 2 | 6 i 6 i 0 | 2 1 5 | 6 2 2 i 6 | 6 5 - ‖
    问 哥 哥 呀,  这管 箫儿    好 不      好?
    小 乖 乖 呀,  清水 游去    混 水       里 来。
```

---

① 陈元杰.刘雪庵先生纪念[J].人民音乐,1989(6):12.
② 《中国民间歌曲集成·江苏卷》编辑委员会.中国民间歌曲集成·江苏卷[M].北京:中国ISBN中心,1998:730.

三、战歌始过风与云，视界相融诠今意

　　刘雪庵的抗战歌曲在某种程度上是在一定历史语境下被激化出来的，在当时的大背景下，几乎所有的作曲家都在创作抗战歌曲，但刘雪庵毕竟是一个学院派的音乐家，其艺术追求、美学观念、审美趣味的取向在某种程度上是有别于左翼音乐家的。这些特殊时期的产物，刻印着时代的烙印，被赋予了特殊的意义。台北教育大学赵琴教授在采访中说道："《流亡三部曲》在台湾的每一个有关抗战的音乐会里几乎都会被选唱……"在今天，人们更多的是带着怀念的感情去重新演绎这些歌曲，甚至像《长城谣》这一类的歌曲已经被当作艺术歌曲来诠释，以今天的眼光去看待刘雪庵的抗战歌曲，更多的是透过这些看到它们所"体现的中国革命精神"。此外，像《长城谣》这样的20世纪中国音乐经典（1992年《长城谣》被收入"二十世纪华人音乐经典"），完全可以看到它所"体现的中国文化精神"。"香港爱国歌手张明敏，重唱《长城谣》……""台湾音乐会选唱《流亡三部曲》……"刘雪庵的抗战歌曲在一定程度上成了维系海峡两岸暨香港人民的精神纽带，让人们缅怀历史的同时不忘初心，牢记使命。当下，我们不断提倡弘扬传统文化，提高文化自信，而跨越历史时空的声乐精品在祖国大地上传唱不衰，这岂不是弘扬中华民族文化的一种方式。此番再看刘雪庵的抗战歌曲，其历史和现代意义尽显于此。

　　置于历史语境下解读作品的同时又以当代的眼光进行审视，一些抗战歌曲逐渐消失于人们的视野，留在史料中，沉淀在历史的长河中，但它们仍具备历史价值，这也是研究的意义所在。正是在历史中永不消失的"现代视野"，不会重复的"现代视野"使艺术接受中的创造和评价能在无限的历史过程中展开。我想这也是刘雪庵的《长城谣》《流亡三部曲》这类抗战歌曲能成为常春藤的原因所在吧。

　　苏州，这座有着2500年历史的古城，承载着生活于其间的人们世代走过的足迹和遗存，这些珍贵的人文记忆也成为厚重的文化遗产。曾经生活在这里的文化名人，他们在此活动、思索、创作，留下来丰富的故事以供后来人去追寻。因"为生民立命"的拳拳赤子情怀，知识分子在救亡图存的大时代背景下，把时代风云化作笔底波澜，他们的作品不仅在当时与时代共振，穿过历史的迷雾，至

今仍闪耀着睿智光芒。流亡三部今犹吟唱,姑苏城里留芳踪……

参考文献:

[1]梁茂春.寒冬的访问——访问刘雪庵记录[J].歌唱世界,2015(11).

[2]杨丽芹.刘雪庵及其歌曲作品研究[D].福建师范大学,2007.

[3]陈晖.苏州市志[M].南京:江苏人民出版社,1995.

[4]李明忠.何日君再来——刘雪庵传[M].重庆:重庆出版社,2015.

[5]刘雪庵.刘雪庵作品选[M].北京:中国文联出版社,2001.

[6]中国艺术研究院音乐研究所,《中国音乐词典》编辑部.中国音乐词典续编[M].北京:人民音乐出版社,1992.

[7]谢嘉幸.音乐的"语境"——一种音乐解释学视域[J].中国音乐,2004(4).

[8]冯芸.刘雪庵先生及其作品——为纪念刘雪庵先生诞辰100周年而作[J].苏州大学学报(工科版),2007(5).

[9]张海英."新音乐的铺路人"——刘雪庵艺术歌曲创作分析[J].音乐创作,2016(3).

[10]汪毓和.刘雪庵先生及其音乐成就——为纪念刘雪庵先生诞辰100周年而作[J].人民音乐,2006(1).

[11]娄白.本土文化名人解读与古城旅游品牌建设——兼忆铜梁著名音乐家刘雪庵[J].建筑与文化,2015(1).

[12]匡慧.刘雪庵的生活道路和创作道路[J].中央音乐学院学报,1985(2).

[13]李世军.含笑挥弦飞远苑 音容德品驻人间——刘雪庵及其音乐思想研究[D].中国音乐学院,2007.

[14]黄汉华.音乐互文性问题之探讨[J].音乐研究,2007(3).

[15]陈元杰.刘雪庵先生纪念[J].人民音乐,1989(6).

[16]居其宏.百年中国音乐史(1900—2000)[M].长沙:湖南美术出版社,2014.

[17]刘雪庵.刘雪庵文集[M].内部资料,2007.

[18]余峰.论刘雪庵[M].内部资料,2007.

四、以金砂《江姐》为代表的民族歌剧创作和作曲家研究

板腔体咏叹调写作的典范
——以民族歌剧《江姐》为例①

钱庆利

（浙江师范大学　浙江　金华　321000）

摘　要：

板腔体咏叹调是中国民族歌剧的核心特征，这一"有意味的形式"在歌剧《江姐》中被金砂等作曲家运用得恰到好处。剧中《巴山蜀水要解放》《革命到底志如钢》《我为共产主义把青春奉献》《五洲人民齐欢笑》等咏叹调建构法则，无一例外地借鉴了传统戏曲中的板腔体手法，这种手法与中国传统戏曲存在着最本源的血脉关联，并因此而构建了作品特定的历史内涵、美学追求及独具中国特色的音乐戏剧性思维。

关键词：

民族歌剧　《江姐》　金砂　板腔体咏叹调

小说《红岩》曾经风靡一时，其中的主人公江竹筠（江姐）成为一代人的精神坐标。由小说《红岩》改编的七场歌剧《江姐》②，讲述了中华人民共和国成立

---

① 本文系国家社科基金（艺术学）2018 年度重大课题"新时代中国民族歌剧创作研究"（编号：18ZD16）之子课题"民族歌剧核心咏叹调板腔体思维的继承与创新"的阶段性成果。

② 《江姐》，编剧:阎肃，作曲:羊鸣、姜春阳、金砂，1964 年由空军政治部文工团首演。早在 1963 年，四川人民艺术剧院实验歌剧团（现名为重庆歌剧院）曾排演过歌剧《江姐》（陆棨编剧，金干、黄韦作曲），其艺术成就及社会影响不及次年空政版的《江姐》，因此，本文讨论的是空政版的《江姐》。

前夕,地下党员江雪琴带着中共四川省委交付的重要任务,奔赴川北继续革命,途中,惊悉丈夫——华山游击队政委彭松涛牺牲的消息后,抑制住内心巨大悲痛继续投入对敌斗争,后来由于叛徒甫志高的出卖,江姐被捕关押在渣滓洞集中营内,大义凛然,高唱凯歌,英勇就义的英雄故事。

一、歌剧《江姐》产生的历史背景

《江姐》的创演以及所产生的积极影响与当时的社会政治经济环境和文艺政策不无关系,尤其是文艺政策。其中,除毛泽东同志的"两个批示"①的影响之外,最重要的是受到被称之为"革命化、民族化、群众化"的"三化"的影响至深至巨。歌剧《江姐》的题材选择自不待言,如何在音乐创作中落实民族化、群众化是作曲家首要的也是必须面对的实践课题。从创作立项到首次公演,《江姐》数易其稿,甚至不惜以重写为代价,将民族化、群众化的文艺方针落到实处。正如1965年《人民日报》的评论:

涉及《江姐》的音乐评论大多指出,《江姐》的音乐具有鲜明的民族特色和地方色彩,在歌剧艺术革命化、民族化、群众化方面,做了许多探索,因而对于歌剧《江姐》,对地方戏曲和民歌的借鉴,以及对于歌剧音乐戏剧化、音乐形象等方面,反映都很热烈。②

作品以音乐戏剧的形式,通过特有的表现手段,重塑了色泽鲜明的江姐形象。该剧除戏剧情节跌宕起伏,极具观赏性之外,其中的音乐素材立足地域风格,广泛吸收、消化川剧、越剧、婺剧、杭滩、京剧、四川清音戏曲及说唱等音乐元素。特别是对传统戏曲手法(板腔体)的借鉴使用,使得该剧获得了恒久的艺术生命。曲作者谙熟广大受众的美学追求及欣赏趣味,创作中的指导思想是:"从流传于民族民间,与广大群众心心相连,为他们所熟悉、所掌握、所热爱的戏

---

① 第一个批示于1963年12月12日做出,主要观点为:各种文艺形式——戏剧、曲艺、音乐、美术、舞蹈、电影、诗和文学等,问题不少,人数很多,社会主义改造在许多部门中,至今收效甚微。许多部门至今还是"死人"统治着……许多共产党人热心提倡封建主义和资本主义的艺术,却不热心提倡社会主义的艺术,岂非咄咄怪事。第二个批示于1964年6月27日做出,核心内容为:这些协会(按:指全国文联所属各协会)和他们所掌握的刊物的大多数(据说有少数几个好的),十五年来,基本上(不是一切人)不执行党的政策,做官当老爷,不去接近工农兵,不去反映社会主义革命和建设。最近几年,竟然跌到了修正主义的边缘。如不认真改造,势必在将来的某一天,要变成匈牙利裴多菲俱乐部那样的团体。

② 佚名.有关歌剧《江姐》音乐的评论[N].人民日报,1965-02-20.

曲音乐及民间音乐中吸取精华和养料,通过提炼、加工、发展,创作出既是民族的、大众的,又有时代特点的歌剧音乐。"①

注重核心人物唱段的动听性、旋律性是曲作者努力追求的目标,久唱不衰的《红梅赞》便是经典旋律的杰出代表。笔者认为,这部作品之所以受到观众的普遍欢迎,纵然由诸多因素所致,但最核心的原因仍在于大段唱腔的设计均采用戏曲板腔体结构原则。正如曲作者所言:"戏剧性很强、人物感情变化复杂的大段唱腔,我们借鉴了戏曲音乐中的板腔体写法。即以某一曲调为基础,通过速度、节奏、旋律的扩充或减缩等变化,演化出一系列的板式。"②

在这部作品中,运用典型板腔体结构写成的咏叹调共有4首,数量之多是此前同类歌剧所不能比拟的。如第一场江姐独唱、女声伴唱的《巴山蜀水要解放》,第二场江姐独唱、男女声伴唱的《革命到底志如钢》,第六场江姐独唱《我为共产主义把青春奉献》,第七场江姐独唱《五洲人民齐欢笑》。本文重点对《我为共产主义把青春奉献》《五洲人民齐欢笑》《革命到底志如钢》三首咏叹调进行详尽分析,以探寻板腔体结构在表现戏剧性上的优势。

二、《我为共产主义把青春奉献》中的板腔体结构

该曲出现的戏剧情境是:江姐被捕后,沈养斋使出浑身解数,对其软硬兼施、威逼利诱,江姐却表现出从容不迫、大义凛然的英雄气概。慢板前奏3小节。

谱例1

---

① 羊鸣,姜春阳.歌剧《江姐》音乐的创作[J].人民音乐,1965(4):26.
② 羊鸣,姜春阳.歌剧《江姐》音乐的创作[J].人民音乐,1965(4):26.

谱例 1 为首次陈述，♭B 宫调，慢板，$\frac{4}{4}$ 拍，上句 5 小节，顶板起唱、多腔式，骨干音为 sol、mi、re、do，句尾落 C 商音；下句 4 小节，板起、两腔式，落主调的徵音。值得注意的是，下句的第一个腔节转至属调的商音上结束。

以上这个乐段，具有"起、承、转、合"的意义，剧诗均为二二三格的七言句，文辞工整、对仗。字少腔多，缓慢、抒情，以物喻人，情感内敛、含蓄，音调曲折，如泣如诉。

有了慢板作铺垫，第二次陈述时，为一气呵成的紧板，以紧凑节奏直抒己志。字多腔少是其主要特征，共 9 小节。后 5 小节采用加垛手法，语气急促。

在遵循七字句基本句格的前提下，局部进行增字、减字，以适应戏剧需求。音乐上使用紧板、加垛手法，突出了江姐大义凛然，为革命抛头颅、洒热血的英雄气概。较前两段的慢板，这里江姐的形象得到了进一步的深化。

4 小节间奏的尾部，由衬词"啊"引出《红梅赞》的主题音调，再次将板式带回曲折、婉转的抒情慢板。

剧诗以十字句为主，三四三格，这段清板的运用抒发了江姐对祖国大好河山的热爱之情，经过 5 小节快一倍速度的间奏，音乐进入紧拉慢唱的摇板（散板）。

谱例 2

谱例 2 开始在 ♭B 宫调上陈述，至剧诗"奴役的锁链"处转至属调，后回到主调。音乐铿锵有力、果敢坚定，表达了江姐发自内心地对旧世界的愤慨以及对幸福明天的强烈渴望。慷慨激昂、惊心动魄的散板运用恰到好处地将音乐推向了感人至深的境地，字字含情，声声是爱的歌声所产生的艺术效果，牢牢地抓住了观众的情感神经。

3小节间奏,音乐进入流水板,$\frac{5}{4}$与$\frac{4}{4}$拍相结合,谱面标记为一拍一板。

谱例3

谱例3上句8小节,板起两腔式,骨干音为首次陈述的上下句骨干音之和,即 sol、mi、re、do、re、do、la、sol,句尾落 B 宫调的商音;下句7小节,板起多腔式,骨干音为 do、la、sol,落商音。表达了江姐为共产主义甘把青春奉献的豪情壮志,江姐的形象在此显得更加丰满。

全曲最后再次进入慢板,与开始形成呼应。上句5小节,骨干音为 sol、mi、re、do,落徵音;下句5小节,骨干音为 re、do、la、sol,同样落徵音。

全曲的板式结构为:慢板(两段规模)→紧板(一段规模)→慢板(清板)(三段规模)→散板→快板(一段规模)→慢板(一段规模)。不同板式的组接体现了江姐情感状态的各个层面,既有美好的向往,为革命随时献身的豪情;又有对敌人刻骨的仇恨,最重要的是凸显出以江姐为代表的革命党人对组织忠诚、对人民负责的崇高信念。

三、《五洲人民齐欢笑》中的戏剧性分析

这是第七场江姐就义前的唱段,戏剧矛盾冲突经过层层酝酿,在这一场汇合,是音乐戏剧高潮的制高点,人物形象在此得到最后的升华。作曲家仍用板腔体结构来进行音乐布局,以此来描绘江姐的生命轨迹。

音乐在强烈的前奏衬托下,由自由地散板开始。

谱例 4

谱例 4 ♭B 宫始,至"不要把眼泪轻抛"处,转下属调(♭E 宫),停在 C 羽上,柔而亮。曲调曲折、委婉,这个近似吟诵调的散板长句,意在表达江姐诀别亲人、战友、同胞时的心境。

之后,音乐进入慢板,$\frac{4}{4}$ 拍,共 18 小节,叙述江姐誓死无憾,却对自己不能亲手将新中国来缔造的无奈。

此慢板的剧诗除最后一句外,均为二二三格的七言句,剧诗作者借"青山""芳草""黎明""朝霞"作为衬托,"胸中万杆红旗飘"才是该慢板部分的点睛之笔,是江姐革命精神的高度升华。

随后以"到明天"加长长的拖腔作为板式过渡性的音乐语汇,将曲调带入分节歌式的快板部分。快三眼,$\frac{4}{4}$ 拍,共 29 小节,陈述两次,改换唱词,主要阐释江姐对未来革命前景的展望与信心。

接下来是清板(慢板)的介入,采用通谱体写成,共 13 小节,同样是 $\frac{4}{4}$ 拍,但速度明显减慢,她在交代后事,体现江姐作为女性温柔的一面。

4 小节间奏后,散板再次进入,与之前清板、交代后事的段落形成对比,借"云水激,卷怒潮,风雷震,报春到"拟人式的手法,鼓勇气、表信念。昭示后人,这只是黎明前的黑暗,不久,"春天"就会来到。

6 小节快速间奏后,音乐进入规模短小的快板部分,$\frac{2}{4}$ 拍为主,共 9 小节,自成段落。剧诗:"一人倒下万人起,燎原烈火照天烧!重整山河,开出幸福阳关道。"

之后,全曲又一次进入尾声部分的慢板,以 $\frac{4}{4}$ 拍为主,其间穿插 $\frac{5}{4}$ 拍节奏,直至曲毕。展望未来的中国一定是"红旗漫天,五洲人民齐欢笑!"的美好图景。

该曲板式结构为:散板→慢板→快板→清板→散板→快板→慢板。

该曲的戏剧性对比是明显的,既有剧诗内涵的张力,又有板式的不同,尤其是最后一部分。从"云水激,卷怒潮"到曲终,不算太大的结构,板式变化节奏加快,散起→转快→叫散。结合前面的板式对比,突出地展示了江姐的宽阔胸襟与革命豪情。

四、《革命到底志如钢》对板腔体结构的发展

《革命到底志如刚》是歌剧《江姐》第二场中江姐惊悉丈夫彭松涛牺牲时的唱段,与以往民族歌剧中咏叹调创作手法不同的是,该曲采用独唱与旁唱、伴唱相结合的表述方式。既有主人公细腻委婉、肝肠寸断、坚如磐石的真情表白,亦有革命同志旁敲侧击、推波助澜式的情境渲染,起到了很好的戏剧效果。

1. 板腔体结构的典型形态

全曲以慢板的幕后女声齐唱开始,共 15 小节,作为引子出现,剧诗为:"啊!天昏昏哪,野茫茫,高山古城暗悲伤!"

经过 11 小节渐强、渐快的连续十六分音符的过渡,音乐进入首段散板,表达了江姐满心欢喜追随革命路,却在瞬间与丈夫阴阳相隔的复杂心态。

谱例 5

谱例 5 为短短的散板片段,就存在三个调,$^\flat$B 宫(寒风扑面)、F 宫(卷冰霜)、$^\flat$E 宫(心如刀绞)、$^\flat$B 宫(痛断肠),体现出江姐不平静的内心世界。

间奏 3 小节,第二段,慢板。上句 6 小节,不含小过门,骨干音为 sol、mi、re、do,落角音;下句 6 小节,骨干音为 sol、mi、re,落商音。抒发江姐对亲人、对战友老彭肝肠寸断的呼唤之情。

间奏 4 小节,$\frac{4}{4}$ 拍,仍为慢板(慢三眼),随后进入 19 小节的再次陈述,是第二段的延续,剧诗以两个"曾记得……""你曾说……"的重复进行,加深力量,是江姐对革命历程的自述。

谱例 6

谱例 6 为慢板，F 宫调开始，到第二行谱转至下属调（♭B 宫），色彩柔而刚。间奏 9 小节，板式变速，进入快板的第一次陈述，$\frac{2}{4}$ 拍。

谱例 7

谱例 7 前 9 小节为上句，♭B 宫，板起，两腔式，旋律骨干音为 mi、re、do、la，句尾落商音；下句 10 小节，♭E 宫，音区移低，骨干音为 do、la、sol、re，板起，三腔式，句尾落 C 羽。

第二次陈述，改换歌词，旋律几乎未变，只是在最后速度放慢，为下一种板式作铺垫。这一两次陈述的快板，充分体现了江姐重任在身，面对丈夫遇难却对革命矢志不渝的坚定信念。

散板式的间奏与男女声伴唱过后，音乐再次进入慢板，这里作曲家处理得恰到好处，将江姐类似朗诵调的短暂独白与男女声伴唱相嫁接，暗示自己"怎能在这里痛苦悲伤？"。

接下来，值得一提的是代表江姐主题的由男声伴唱的自成段落的《红梅赞》音调再次出现，增强了江姐的革命信心。这一信心的获得，一改之前大多数民族歌剧中完全由主人公自我抒咏的表达方式，变为一种集体的力量，这样处理对于主人公形象的塑造大有裨益。

经过6小节小快板间奏,音乐进入$\frac{1}{4}$拍的流水板。

谱例8

谱例8的调式安排为♭B宫→F宫→♭B宫,此流水板共62小节,较长,节奏紧凑,大有一气呵成之感,整个流水板以♭B作结。表现江姐面对失夫之痛依然志不可摧、勇往直前的雄心壮志。

5小节间奏后,音乐转调,回到快板,$\frac{2}{4}$拍。唱腔处理为江姐与女声伴唱的交织进行,分两次重复陈述。这种布局手法,预示着江姐并非孤军奋战,而是一群共产党人前赴后继、奔向战场的革命情怀。

该咏叹调板式结构为:慢板→散板→慢板→快板→散板→慢板→快板→流水板→快板→慢板,板式回旋特征较为明显。

2.穿插女声旁唱

旁唱是一种特殊的艺术表现手段,类似于戏剧作品中的旁白,戏曲中的各种假定,如假定有扇门,假定有匹马等。旁唱借用音乐的力量,以第三者身份参与戏剧冲突,展示人物内心活动,向观众披露剧中人物隐秘的内心世界,为主人公形象塑造聚合力量。

咏叹调《革命到底志如钢》中的旁唱及帮腔伴唱的手法为该曲增色不少,正如曲作者之一金砂所言:"旁唱,是为了说明人物的内心思想和心态变化,而又不让在场的其他人知道,却要使观众达到明白的一种手法……帮腔伴唱,既可多视角地揭示人物的心态和情绪流向,又能站在第二者的立场上批评、指责、建议、提醒剧中人,还可以把人物言外之意加以夸张,并作为'画龙点睛'式的把人物不便直率表露的东西显露在观众面前,造成强烈的戏剧效果。"①

---

① 金砂.谈谈歌剧《江姐》的音乐创作下:民族歌剧创作和戏曲音乐手法初探[J].歌剧艺术,1990(6):28-29.

具体分析如下：

女声幕后齐唱(全曲开始在乐队震音的强奏下。)

旁唱:啊！天昏昏哪,野茫茫,高山古城暗悲伤!

短短的剧诗,交代了特定的戏剧情境,即苍凉的古城墙上,伫立着革命志士彭松涛的人头。这一场景是江姐意外面对的,接下来江姐的独唱便在旁唱的帮衬下有了可信的戏剧依据。经过不同板式的几个段落的音乐转换,正当江姐还沉浸在悲痛与绝望之时,伴唱以散板的形式提醒江姐注意自己的身份。

伴唱:风声紧,锣声响,敌人在身旁!

谱例9

此时的江姐在伴唱的暗示下突然警醒,心灵上受到极大冲击,于是便发出"我怎能在这里痛苦悲伤?"的自问。自此,江姐的情感开始起伏变化,由失去丈夫的悲伤转化为对敌人的愤怒以及对革命最终定会赢得胜利的信心。

全曲的最后由旁唱与江姐独唱共同来完成,与之前不同的是,将独唱与旁唱交织在一个乐句中,如:

江姐唱:誓把这,

旁　唱:誓把这血海深仇记心上,

江姐唱:昂起头,挺起胸,奔向战场,

旁　唱:奔向战场!

这种"唱""和"式的文词曲体,源自高腔,即人们所说的"滚唱、滚调、滚板"。江姐起唱"誓把这",着眼于传词,以"文"为主;旁唱"誓把这血海深仇记心上",着意于美听,以"乐"为主。将一个腔句分为两截,前半部分"一人启口",后半部分"众人和唱",即"一唱众和",这是一种独特的音乐结构,篇幅长短不一,视剧中人物抒情、叙事的需要而定。类似西方歌剧中的重唱,只是将戏剧人物置于不同戏剧场景之中,江姐在明处,旁唱在暗处。高腔腔句的基本结构形态就是这样设计的,腔句的多少、唱段无定格,是真正的"戏剧性"的音乐唱腔。这种接续式的乐句结构颇有逐浪滔天之势,寓意着江姐并非独自在战斗,而是千千万万个革命同志前赴后继。该曲结束处将交替进行的独唱与旁唱叠加,由坚不可摧的强大音流所营造的戏剧化场面将全曲推向高潮。

还有一个值得一提的亮点是,在这段独唱与旁唱的交织中运用了转调技巧。$^\flat$B 转 $^\flat$E,上升四度。相对于之前民族歌剧咏叹调创作中大多统一调性的手法,这种技巧大大丰富了板式内涵,使得音乐戏剧性对比不仅体现在板式变速上,同时,兼由调性相异所产生的张力来共同完成。

3.引进男声主题歌

歌剧《江姐》中的主题歌《红梅赞》融民歌、滩簧、四川扬琴等音乐元素于一体,旋律委婉抒情与高亢嘹亮兼而有之,委婉抒情代表江姐作为母亲、妻子、女人的温柔一面,高亢嘹亮则突出江姐的革命者身份,《红梅赞》是江姐综合形象的音乐代言体。《红梅赞》的旋律在全曲中共完整出现4次,其中在咏叹调《革命到底志如钢》中以男声幕后旁唱出现,颇有新意。舞台上,华为与江姐一道上山,此时的江姐还未从悲痛中走出来,是旁唱的气势鼓励江姐"昂起头,挺起胸,奔向战场!"这种旁唱的运用类似西方戏剧创作中的意识流①手法,起到旁白、画外音的艺术效果。

  旁唱的引入是江姐间接的内心独白,此曲通过他人之口来向观众提供欣赏向导。这种代言式的意识流活动所形成的戏剧性张力远远超越主人公的自述,公正、客观地外化了江姐的心灵世界。

  在歌剧《江姐》中,对传统板腔体的运用有所突破,在处理大段唱腔上,不仅板式类型增多、规模庞大,且每一种板式的转换并未严格按照基本结构的上下句进行骨干音的保持与回归。在遵循板式变化的大前提下,乐句中具体的细节处理非常自由,并紧紧围绕戏剧人物的情感变化来进行构思。另外。旁唱、意识流、转调手法的借用等都说明板腔体在民族歌剧中的运用已突破萌芽、定型时期仅体现在板式变化上的局限而渐趋成熟。这正说明,经过近二十年的探索,民族歌剧创作在解决音乐戏剧性、继承传统、创新传统方面所取得的突破。

五、《江姐》在民族歌剧中的历史地位

  中国歌剧史上,空政版的歌剧《江姐》历来被视为戏剧与音乐平衡发展的经典剧目。该剧中的戏剧情节跌宕起伏、戏剧矛盾冲突剧烈、戏剧悬念层层相扣,与其相对应的音乐语言丰富多彩,曲体结构复杂多变,音乐旋律大气磅礴、酣畅淋漓。其音乐与戏剧有机结合、平衡发展的综合性特征,造就了该剧成为自首演以来备受观众喜爱的经典剧目。但它何以成为民族歌剧的经典?在其综合艺术本体中,特别是音乐创作中,又如何体现出这种经典性?它对板腔体思维在民族歌剧创作过程中做出了哪些积极的示范作用?等等,都是歌剧从业人员及本文需要深入思考且必须回答的历史课题。

  前文已述,民族歌剧的核心特征,主要体现在音乐创作思维之中,具体而言是对音乐创作手段的运用,即运用戏曲板腔体思维和板式变化体结构创作主要人物的核心咏叹调,并通过这些大段成套唱腔及其有机安排和发展来塑造歌剧

---

① 柳鸣九.意识流[M].北京:中国社会科学出版社,1989.人类心理活动中的意识流是印象、回忆、想象、观感、推理以致直觉、幻觉的综合体,并构成一种活动的"流"。

主人公的音乐形象。需要说明的是,用板腔体手法来创作主人公核心唱段与西方歌剧中主题贯穿手法并不矛盾,两者都具有结构力的功能。西方歌剧中的主题贯穿起着全剧音乐总的结构力作用,而板腔体手段只是承载着局部的(如本文探讨的咏叹调)结构力,这两种手法在歌剧《江姐》中达到了统一,也取得了很好的效果。如剧中的主要唱腔均以江姐主题《红梅赞》为基础,在速度、节奏、旋律上加以变化(我们学习了戏曲中常用的那种,变头不变尾,变尾不变头,同腔不同过门的变化手法)、创新、发展来表现江姐内心情绪和戏剧冲突。①

就本文论题而言,需要重点分析和研究的仍是《江姐》中各咏叹调所体现出的板腔体手法,这一手法鉴于在前文已做详尽分析,因此,以下的研究,拟从该剧中的核心咏叹调在继承我国民族歌剧传统的前提下做了哪些突破和发展的角度来进行探讨,以求探寻板腔体结构在该剧中成熟运用的理由所在。

1.引进主题歌、帮腔的戏剧意义

萌芽于歌剧《白毛女》中的板腔体创作手法,至《小二黑结婚》业已成型,其标志是首次出现主人公的大段唱腔。具体的创作原则是,从传统戏曲音乐中汲取营养、运用板腔体思维和板式变化体结构,来构筑特定戏剧情境下,符合人物情感特质的民族歌剧咏叹调。从宏观角度上,歌剧《江姐》亦是如此。不过,无论《小二黑结婚》中的《清粼粼的水来蓝莹莹的天》,还是中华人民共和国成立后的《白毛女》版本中增写的《恨似高山仇似海》,《刘胡兰》中的《一道道水来一道道山》,《红霞》中的《凤凰岭上祝红军》,抑或是《红珊瑚》中的《海风阵阵愁煞人》等都有共同的特征——尽管各剧中因人物情感状态的差异而导致的板式组合顺序和相互转接关系各有千秋,但基本上都是以上下句为基本结构单元的纯粹板式变化体结构,"一曲多用"手法是上述各咏叹调的共性特征。各段中的曲调框架相近,音乐展开的主要手段靠板式与速度的变化来进行。演唱方式上,都为剧中主人公一唱到底的独唱形式。

而歌剧《江姐》中《革命到底志如钢》一曲,则是对之前民族歌剧咏叹调写法基本范式的突破。比如主题歌《红梅赞》的引进;音乐结构上,由起承转合式

---

① 羊鸣,姜春阳.歌剧《江姐》音乐的创作[J].人民音乐,1965(4):29.

的两句乐段代替基本结构上下句的呈示模式；分节歌式的展开手法；等等。都是在传统板腔体展开原则基础上的进一步创新，以此来适应新的时代、新的审美需求。更重要的是，这些突破均建立在戏剧情境和人物情感抒发的表现需要上，对传统板腔体来说，既不觉突兀，又拓展了咏叹调的戏剧表现空间。

歌剧《江姐》对民族歌剧的贡献还在于在沿用传统板腔体手法进行主人公咏叹调创作的同时，恰到好处地将川剧帮腔手法运用进来。川剧中的帮腔是戏曲音乐中的十分别致的一种形式，包括领腔、合腔、伴唱、合唱、重唱等，帮腔意味隽永、引人入胜、自由、生动、丰富，有其独特的妙处，它的出现为戏曲音乐创作开辟了一条道路，同样也拓展了民族歌剧音乐的表现空间。歌剧《江姐》中对帮腔的借用不仅形成了整个唱段的音色对比，同时突破了传统的单声部织体组合样态，作曲家用专业化创作将其发展为合唱式的复调织体。剧中女高音为主、男声主题歌与帮腔混声合唱为辅的多样态声部组合特征，突破了之前咏叹调由主人公"一唱到底"的形式结构，极大地拓展了咏叹调的表现空间。这一重要收获，为此后的民族歌剧创作，尤其是深挖戏曲传统的表现手段等方面提供了新的、可资借鉴的经验。

2.丰富了传统板式的戏剧内涵

歌剧《江姐》中的咏叹调较《清粼粼的水来蓝莹莹的天》《恨似高山仇似海》《一道道水来一道道山》《凤凰岭上祝红军》《海风阵阵愁煞人》等咏叹调最大的区别是在原有板式类型的基础上增加了具有南方特色的板式——清板。这与《江姐》兼容并包、南北嫁接的音乐取材不无关系，婺剧、越剧、南方滩簧中的板式给了曲作者很大的启发。

清板，确切地说，不是一种板式，而是一种戏曲演唱形式。也称"滴笃板"或"的笃班"，是越剧的最初称谓。清板典型的特征是唱腔中不加伴奏，或只有少量乐器在跟腔，它可以跟任何一种板式相结合，因与其相结合的板式而产生名称的相应改变，如清板与慢板相结合就是慢板，与快板相结合就是快板等。

咏叹调《我为共产主义把青春奉献》中，清板与慢板相结合，具有慢板性质。具体为三段规模，每段两个乐句，剧诗从"谁不盼神州辉映新日月"至"愿将满腔热血染山川"，伴奏时，不同的版本有不同的处理，但都使用少量乐器，以真正体现"清板"的含义。歌剧《江姐》中对清板的运用不止《我为共产主义把青春奉献》一曲,前文提及《革命到底志如钢》中也使用了清板,具体从"曾记得长江岸边高山上"至"战斗到五湖四海都解放",伴奏只用板或一件乐器来衬托声乐部分,回忆性较强,甜蜜气质浓厚。另一首咏叹调《五洲人民齐欢笑》中,清板具体出现在"到明天全国解放红日高照"至"莫辜负人民的期望党的教导",同样取得了极佳的舞台效果。清板在歌剧《江姐》几首咏叹调中的运用突出了主人公的情感表达,又与前后两种板式形成戏剧性对比,极具感染力。

从中西歌剧比较中可以得出,这种清板与欧洲早期歌剧中的清宣叙调①有相似之处。但两者也有显著不同,主要体现在旋律的歌唱性方面。西方歌剧中的清宣叙调,是从歌剧音乐的戏剧性表现需要和情节连贯发展的角度着眼的,其旋律以同音反复、三度以内的上下行级进为主,歌唱性不强,以区别于旋律性突出的咏叹调,因此显得枯燥乏味;清宣叙调的功能类似戏曲中的念白,但韵味较念白次之。之所以如此,是由清宣叙调的戏剧性功能决定的。与之相比,我国戏曲或民族歌剧中的清板则立足于自然语言,通过音乐化的手段,将其凝练为具有很强歌唱性美质的丰富旋律,它的亲切、动听、新颖、朴实的普适性特质,远胜于西洋歌剧中的"干朗诵调"或戏曲中的念白。

歌剧《江姐》将戏曲中的清板引入自己的音乐表现体系,使之成为人物大段成套唱腔中最富抒情表现力和音乐感染力的结构单元之一,丰富了它的板式构成体系,增加了它的艺术表现力。毫无疑问,对于民族歌剧音乐创作范式而言,这是一个新的创造和新的突破。

除了清板之外,该剧中还出现了此前民族歌剧咏叹调中很少使用的紧拉慢唱式摇板以及由流水紧缩而派生出来的垛板。与传统板式集结成群、有机组合,其终极目的就是为了更好地抒发戏剧人物情感。事实上作曲家为增强咏叹调的表现力和感染力做如此处理也在当时及此后数十年的舞台演出实践中得到了充分验证;更何况,更深入地从我国传统戏曲中学习、吸纳更多的板式并将它们融会贯通地运用于民族歌剧咏叹调的创作中,同样是丰富其板式构成体

---

① 清宣叙调,即根据剧诗的语调和语势生发出宣叙性旋律,交响乐队停奏,只以羽管键琴用柱式和弦为之伴奏,其功能主要起到戏剧情节之间黏合剂的作用。

系、增加其艺术表现力的创新之举,因此当然也是对民族歌剧音乐创作范式的新创造和新突破。

六、结　语

歌剧《江姐》的音乐创作,兼顾观众的审美习惯,注重旋律性,精心锻造主题歌,尤其是在核心咏叹调的板式运用和音乐戏剧化场面营造等方面多有新鲜创造和独特建树,从而为我国民族歌剧音乐创作范式迈入真正成熟的境界做出了自己的创造性贡献。这样一种与西方歌剧创作中惯常使用的主题贯穿式发展手法全然不同而又彼此辉映的音乐戏剧性思维方式,不仅成就了20世纪40—60年代民族歌剧的繁荣,从某种程度上说,也对当下中国民族歌剧创作具有借鉴意义。

五、以应尚能为代表的中国近现代声乐教育家研究

应尚能的声乐实践及对我国声乐艺术发展的影响

刘大巍

(苏州科技大学　江苏　苏州　215011)

应尚能(1902—1973),浙江宁波人,生于南京。"1923年毕业于北京清华学校。同年赴美国,入密歇根大学。学习化学工程,两年后转习机械工程。1927年毕业后,留校主修声乐,兼习德语和意大利语;1929年毕业,获音乐学士学位。"[①]"1930年归国,任上海国立音乐专科学校教授。后历任重庆国立音乐学院、国立戏剧专科学校和国立社会教育学院教授。中华人民共和国成立后,任华东师范大学、北京艺术师范学校和中国音乐学院教授。擅长演唱德奥艺术歌曲和黄自的声乐作品。"应尚能作为享有盛名的中国近现代声乐先驱,著名歌唱家、作曲家、教育家,堪称早期中国声乐艺术领域的领军人物,对声乐演唱及专业教学的发展具有举足轻重的影响。他与同辈歌唱家一道,为向我国引进西方声乐艺术形式及演唱方法,率先在中国舞台展示、演绎西洋歌剧和德奥艺术歌曲,从无到有地建立起中国专业声乐教学体系,他为奠定今日声乐艺术基础做出了重大贡献。

应先生的职业生涯始于学成返国后在上海国立音专任职时期,之后辗转四川、重庆、南京、苏州、上海、北京,一辈子坚守和钟爱自己的事业。我们今天追思先生不仅因为他对中国声乐艺术的杰出贡献,还因为他曾在"国立社会教育

---

① 张静蔚,缪天瑞.音乐百科词典[M].北京:人民音乐出版社,1998:738-739.

学院"从教,与苏州的音乐教育发生过紧密联系。笔者之所以选择应先生为研讨对象,还因为笔者母亲就是应尚能青木关分院的学生,而笔者从事声乐艺术也因受到母亲的影响,所以间接算来,笔者也是应先生隔代传承的晚辈。故谨以此文向应先生表示诚挚的敬意。

一、应尚能的国内职业生涯与际遇

应尚能先生的一生与中国声乐艺术启蒙和近现代音乐教育的发展密不可分。作为学成于美国的前辈,他毕业后便以拓荒者的身份参与中国声乐启蒙及专业音乐教育奠基。"1930年5月,应尚能怀着对乡亲无限思念和施展音乐抱负的心愿回到南京。翌年秋,经黄自的推荐,受聘于上海国立音乐专科学校,承担了声乐、合唱、乐理等教学工作。"①该校是1927年南京国民政府成立之际,由萧友梅向拟任国民政府大学院院长(相当教育部长)蔡元培提议,于同年11月27日创办的上海"国立音乐学院"。这也是我国真正意义上的第一所独立音乐学院。蔡元培为首任院长,萧友梅任教务主任,次年萧友梅出任院长,1929年7月更名为"国立音乐专科学校"。应尚能于1931年暑期受聘担任该校教授。

上海国立音专初创时萧友梅引进了同为清华学校(留美预科)留美归国的周淑安,并聘其为首任声乐组长,还引进了对中国声乐贡献巨大的白俄贵族苏石林先生。应尚能的加盟令上海国立音专声乐专业如虎添翼,他们共同引进了西洋声乐教学体系和声乐演唱风格,成为向国内推介西洋声乐艺术和唱法教学体系的先行者,培养出如胡然、喻宜萱、斯义桂、蔡绍序、葛朝祉、周小燕、郎毓秀、洪达琦、陈玢、劳景贤、谢绍曾等第一批声乐精英,这些人后来又都成了青木关国立音乐院的骨干。在此之前中国并没有系统的声乐艺术及教学体系,故应先生堪称我国最早的声乐教育先行者之一。

应尚能入职上海国立音专前曾应黄自之邀,在上海举办首场个人独唱音乐会。这也是中国歌手以西洋唱法举办的首场音乐会。演唱曲目取自德奥及中国近现代艺术歌曲,包含了他钟爱的舒伯特的《菩提树》《暮春》《小夜曲》和赵元任、黄自的《听雨》等作品。应先生唱功扎实,唱法纯正,演出十分成功,产生

---

① 俞玉滋.声乐艺术家应尚能及其贡献[J].中央音乐学院学报,1990(2):67-71.

了很大影响。此后他频频登台表演，"音专每年定期举行的教师音乐会有他的节目，鼓舞敌忾后援音乐会有他的节目，师生旅行演出有他的节目，甚至于以音专学生为主的普及性的星期广播音乐会他也唱一份，而且唱得那么认真，那么'从心所欲不逾矩'"①。在四川、重庆他也不定期举办演唱会，因而在20世纪三四十年代国内声乐界享有很高声誉。他的演唱生涯一直持续到中华人民共和国成立后的1962年。

应先生演唱技艺精湛，能熟练驾驭德、意、法、英等国语言，还热衷推介中国作品。他的声音集中明亮，饱满结实，相对前置，喉头位低，略带喉音，声音浓郁醇厚，音色力度掌控出众，富于抒情性。在重庆，胡然约廖辅叔听音乐会，当应尚能唱到得意处，胡对廖说"你看他，要怎么唱就怎么唱，高低强弱，无不如意。高亢处简直是响遏行云，要求轻微的时候又好比是喁喁细语。要是百尺竿头，更进一步，真可以达到出神入化的境界"②。胡然眼界甚高，能对应先生如斯评价，足见其演唱在专家眼中亦非凡品。应先生还经常演唱黄自、赵元任和自己的作品，如黄自的《思乡》《点绛唇·赋登楼》《睡狮》，赵元任的《教我如何不想她》《小诗》《听雨》和自己的《花间》《种花》《我侬词》《无衣》《一句话》《吊吴淞》《国殇》《请告诉我》《不屈之士》等，毕生坚持推介和传播中国艺术歌曲。

在多年舞台实践中，应先生发现用西洋唱法演唱中国作品，存在唱法技艺与中文语音和国人审美的冲突，从而潜心钻研适合国人审美口味的演唱、教学方法。他还利用出众的创作才能，积极创作顺应国情的学堂乐歌和艺术歌曲，为推动专业声乐教学和国民音乐教育发挥重要作用。上海国立音专时期，应先生培养了斯义桂、蔡绍序、劳景贤等歌唱家，斯义桂还成长为世界著名男低音，对世界声乐发展和"文革"后中美交流做出重要贡献。

1937年暑期，上海国立音专没有续聘应尚能，他便去上海大昌实业公司任工程师，不久后再次失业。时逢抗战全面爆发，他只身离家出走，1938年夏先到武汉，再去重庆，并出任国民政府教育部音乐教育委员会社会组主任，从事普

---

① 廖辅叔.关于应尚能先生二三事[J].音乐艺术，1985(4):46-48.
② 廖辅叔.关于应尚能先生二三事[J].音乐艺术，1985(4):46-48.

及音乐教育工作。① 是时,上海国立音专师生也纷纷流向四川、重庆等地。1939年秋,一批师生加盟了国民党中央训练团"音乐干部训练班"(即音干班)。该班共招3期学员,主要为招考或单位调训录取,每期数十人至百余人不等,学制分别为九个月、六个月、九个月。音干班的课程以音乐基础知识和音乐技能为主,声乐、钢琴、指挥、作曲理论为必修课,修业期满成绩优异者可升高级班,但高级班只有声乐和作曲两个班。音干班教师如华文宪、吴伯超、戴粹伦等都是音专毕业生。当时的四川、重庆各种戏剧、音乐机构层出不穷,多由音专师生执教,如胡然创办的"抗敌歌咏团",就有胡然、陈玠、夏之秋等人;重庆歌剧学校有洪达琦、劳景贤等人,还聚集了戏剧家林刚白,舞蹈家戴爱莲,作曲家王义平,文学家徐迟等精英,最著名的还有中国指挥第一人郑志声;陶行知创办的育才学校也有音专师生。应先生当时忙于组织音乐干部训练班,培训歌咏干部,任实验巡回歌咏团团长兼指挥,还组织抗日宣传巡回演出。1940年暑期重庆组建国立音乐院,顾毓琇任代理院长,应尚能为教务主任,他也成了青木关国立音乐院的筹建人之一。可1941年更换院长后应先生被意外解聘,他便去江安国立戏剧专科学校乐剧科任主任,②该校前身为南京国立戏剧专科学校,抗战后迁入四川。之后他又在璧山国立社会教育学院艺术教育系任教,直至分院成立才重返音乐院任系主任和教授。

　　1940年青木关国立音乐院成立时,大批音专师生如斯义桂、蔡绍序、周小燕、郎毓秀、葛朝祉、陈田鹤、江定仙、劳景贤等前往任教。加上外教和留洋前辈,青木关国立音乐院教师队伍日益壮大。得知重庆成立音乐学院后,大批学子前往报考,音乐院逐渐成形。1942年中训团音干班停办,国民政府又在青木关国立音乐院基础上成立了松林岗国立音乐院分院,不少音干班师生先后转入或考进分院再成师生。笔者父亲刘春安就是由音干班考入本院,后成为胡然学生,而母亲周启坤离开音干班后先进重庆歌剧学校,随胡然、洪达琦学习声乐,后劳景贤接手代课,助家母半年后考入分院,应尚能此时已在分院任主任和教授。母亲在回忆录中说,她去松林岗分院报道拜访劳景贤时,劳先生对她说,在

---

① 俞玉滋.声乐艺术家应尚能及其贡献[J].中央音乐学院学报,1990(2):67—71.
② 俞玉滋.声乐艺术家应尚能及其贡献[J].中央音乐学院学报,1990(2):67—71.

分配学生时她被系主任应尚能选中。母亲听后埋怨劳先生不收她作学生，先生说"你能考进来已经不简单了，能当应先生的学生就更不简单了！应先生是声乐界泰斗，早年留学美国，艺术造诣很深。他是出色的男中音歌唱家、作曲家，更是经验丰富的教育家，斯义桂、蔡绍序和我都是他的学生。好好学吧，没错的"。

坐落在青木关的国立音乐院，当时条件非常艰苦，但本院和分院关系密切，师生间都很熟悉。应尚能的留美及音专教授背景，加上他能唱、能写、能教，故在两院声望甚高。但当时他执教严格，弟子又都出色，且多人在音乐院任教，故学生多少有点怕他。他授课方法特殊，新学生接手后，通常先练单音"a"，待初步掌握"丹田气"，喉咙放松，行腔顺畅，获得"头腔共鸣"后，方进行后续环节。若长期不得要领，则只能一直"a"下去。有的同学单音练了半年甚或一年，更有不得已放弃声乐，申请改主科另学其他专业的学生。有关应先生教学严格的事例不少，坊间传说他脾气火爆，若学习总不合要求，他就会发火，轻则摔曲谱，重则锤钢琴，一次发火锤琴，还把琴上的进口怀表碰落到地上摔坏了。

抗战时期重庆物资极为稀缺，教学条件十分艰苦，学生晚上练琴都要带风灯，伙食也很差，饭桌上放了猪油炒盐巴，说是给学生补充营养。穷同学进城会跟别人借衣服穿，类似情况男女生中都经常发生。学校琴房建在山洼，为十余座土地庙式建筑，条件很简陋，礼堂是略长略宽的一个大房间，集体活动多在此举行，应先生也常在此上课。当时的教材多出自先生从国外带回的乐谱，市面上能买到的歌本很少，能买得起的学生更少。应先生当年也带回不少歌谱，也有音专的积累，但学生学习还得抄谱。遇到稀缺乐谱学生也会帮先生抄上一份，有的人还因此掌握了高超的抄谱技艺。应尚能的学生何延昌就是个抄谱好手，他抄的乐谱堪比印刷精品，连抄谱笔都是自己用蘸水笔做的。尽管条件十分艰苦，可学生的学习热情异常高涨，加上许多学生都有抗敌青年军团、宣传队、演剧队、音干班等抗日救亡、劳军宣传经历，学生们内心都隐含着以音乐手段支援抗战的念想，故学习异常勤奋。青木关国立音乐院和松林岗国立音乐院分院时期是应尚能一生中最重要的专业声乐教学实践时期。

抗战胜利后，国民政府回迁南京，应先生所在的国立音乐院分院回迁上海，改名为"国立上海音乐专科学校",以区别于原"上海国立音乐专科学校",后改为中央音乐学院上海分院,亦即后来的上海音乐学院。中华人民共和国成立后青木关国立音乐院本院先迁至天津(亦"天津音乐学院"前身),后迁往北京,即后来的中央音乐学院。

应先生在脱离青木关国立音乐院后再度加盟国立社会教育学院,该校1941年8月建校于四川璧山县(今重庆市璧山区)后伺坡,首任校长是著名留美学者陈礼江。抗战胜利后该校拟迁南京栖霞山,却因经费困难被迫于1946年9月转迁至苏州拙政园,先后借用该园中园和西园作为校址。1949年4月苏州解放后,学校交苏州市人民政府管理,1950年1月苏南行政公署将国立社会教育学院与江苏教育学院合并,成立苏南文化教育学院,学校迁至无锡社桥。这期间应先生一直在该校服务。"1951年秋,随着苏州国立社会教育学院艺术教育系并入上海华东师范大学音乐系,应尚能任系主任。"①而苏南文化教育学院也于1952年全国高校院系调整时再与东吴大学、江南大学数理系合并为苏南师范学院,同年更名江苏师范学院,办学地移至东吴大学原址,即现在的天赐庄校区。苏州国立社会教育学院虽仅存十年左右,但陈校长立志将其办成"培植社会教育人员"的专科学校,为发展和推动中国社会教育事业培养社会教育行政及社会教育实际工作人员,还亲拟校训"人生以服务为目的,社会因教育而光明"。为此陈校长延揽人才,广罗名师,应尚能也加盟该校"社会艺术教育学系科"担任教学和管理工作,将该系打理得井井有条。后来的上音教务主任谢绍曾就曾是他在青木关和社会教育学院的同事。需要说明的是,中华人民共和国成立前的各类高等专科学校并非如今意义的专科学校,"专科"的含义多指"专门"学校,且很多专科学校都以本科为基本学制。

应尚能在华东师范大学工作到1956年,同年8月1日参加文化部和中国音协联合举办的第一届全国音乐周,还在音乐周上参演独唱音乐会。不久东北师范大学与华东师范大学音乐系合并,成立北京艺术师范学院,他再次随学校调至北京艺术师范学院工作。1960年北京艺术学院成立,与北京艺术师范学

---

① 马革顺.应尚能音乐论著及作品选集[M].长春:吉林音像出版社,2003:1.

院同在一址,同一领导班子,1961年年底两校正式合并为新的北京艺术学院,归北京市文化局领导。1964年文化部在北京艺术学院音乐系、中央音乐学院民族音乐专业和中国音乐研究所的基础上,连同全国选调的民族音乐专家成立了中国音乐学院,隶属文化部领导。应先生就在那里一直工作、生活直到去世。

二、应尚能的声乐教育教学实践

应先生的教学沿袭了西方传统声乐路径和训练程式,上海音专时期起便采用西方一对一个别课教学模式,训练环节主要为练声、练声曲加作品演唱训练,训练素材分别为发声练习、练声曲、歌曲作品,重在解决嗓音机能,建立嗓音秩序,训练技能技巧,开展练声曲与作品演唱训练。该程式在专业院校教学中沿用至今,当然后来亦有发展和加强,如增加个别课授课时数,增设合伴奏、歌剧表演、形体训练课程等。应先生一贯重视中声区训练,而后才是拓展高、低音区,唱法技艺偏重欧美风格,共鸣要求声音集中、明亮、丰满、高位、远送;呼吸强调气息压力稳定、平衡、绵长,注重气息圆顺、贯通、持久;音色要求纯净自然,强调色彩控制和细腻对比;发声力求声门闭合与气息压力平衡,强调喉头低位与拉长声带对应。应先生对唱词语音极为重视,携多年演唱、教学心得形成一套行之有效的语音歌唱技术,还为此撰写了《以字行腔》,详尽阐明了歌唱语音的发声方法,重视以机理学说和语音规律研究中文歌唱,对汉语"声母""韵母"详加唱法解析,演唱上强调字音清晰准确、表意清楚、支持发声,要求在降低喉头改变腔体空间基础上,通过口咽空间的向上调节,使母音形态归位并达成字正,这样的解读在当时鲜有教师能够做到。

应先生在练声中常以单音、级进进行、分解和弦为素材,语音多用单纯母音和子音母音组合,重在拓展嗓音机能,发掘歌唱潜能,调整歌唱状态,传授技能技巧。笔者母亲曾详述跟尚先生上第一节课的情况:课上,应先生先以三度音程级进进行练习哼鸣,再以相同旋律由哼唱引导至开口母音,完成二者的过渡,反复练习中声区,强调气息均匀通畅,要求喉咙放松和腔体张开,追求共鸣高位集中。应先生也很重视练声曲训练,诸如《孔空声乐练习曲50首》《孔空声乐练习曲25首》《帕诺夫卡》等皆为常用教材,后来他还自创练声曲集,借以训练学生规范、灵活地驾驭嗓音,要求学生唱出所有表情、速度、力度记号,为作品演唱做好铺垫。作品演唱训练多使用外国歌剧、清唱剧、艺术歌曲，一般会结合阶段训练目标和嗓音声部类型，选择针对性的作品，不允许学生追赶进度，每生往往一学期只能唱三到四首作品，进度慢的甚至只唱一首，不合要求绝不放行。

  应先生的教学并不拘泥于学生嗓音声部特点。如母亲练习了四周亨德尔《弥赛亚》中的《天使无比光辉美丽》后，他突然布置了《浮士德》男主角的《花之歌》，并让她用女中音音色演唱。这一大跨度曲目调整是为了解决中声区演唱问题。可在同期训练中，他又让母亲重点练习花腔技巧。虽然这样的个性化训练手法并不代表应先生的全部教学精髓，但隐伏其后的理念值得我们玩味。课上他叮嘱要用稍宽的声音体现男子气概，并一再叮嘱不要急于求成。在练习一段时间后，母亲觉得不仅音色、气息明显改观，还突然发现之前很难控制的《天使》变得轻松流畅起来。类似案例在应先生《我的声乐经验》中还有不少。先生认为，声乐教学就是要找到学生学习障碍的成因，解决问题的方案虽有多种，但如下两点最为重要："（一）要求教师首先为学生建立一个正确的概念，从理性上认识它，从实践中证明它，用最简单易懂的话具体地说清楚为了唱应该做的是什么，不应该做的又是什么；（二）要求学生一开始就放弃主观的意图，根据客观的意见建立正确的发声方法，接着再去训练自己的耳朵去辨别自己美好的、独特的音色。"①故先生教学时很关注能否站在学生立场分析和理解学生，因为唯有与学生沟通并建立起信任，才能让学生理解并自觉执行自己的教学目标，也就很容易获得良好的教学效果。

  应先生直到晚年都在研究演唱、教学问题，还将毕生心得收入《我的声乐经验》中。书中他分别从声乐学习、练习、教学、演唱等角度概括、提炼了"初学须知、几个原则、几个问题、几点建议、几条练习、几个例子和歌曲内容"，清晰阐明了他演唱、教学的基本路线和方法体系。而先生一生探寻西洋唱法与民族语言及民族风格结合的方法，更是他在洋为中用的探索中，为后人留下的宝贵心得和经验，值得今日广大声乐教师学习和借鉴。其理念不单是要从教师角度探究声乐训练内容、形式、方式、方法、手段及其质量、效率的改进、创新，还要求广大

---

① 应尚能.以字行腔[M].北京：人民音乐出版社，1981：119.

教师积极尝试从学生的视角研究声乐学习的规律、方式、方法。因而他的教学总是能很好地协调教、学双方的关系,能因人、因时,视具体情况抓住教学关窍,找到合理高效的解决之道。而这也正是他能以著名歌唱家身份成长为著名教授的重要原因。

  在教学中先生不仅能熟练运用学生能理解的方式和语言向学生传授歌唱技艺和演唱心得,帮助学生快速成长,还坚持运用歌唱生理学、机理学、解剖学、音响学知识,解读歌唱的方法、动作、要领及相关的原理、目的、功用。这与声乐界普遍存在的一味跟感觉走的纯经验教学模式有本质区别。例如,他在"几个问题"中提到的"什么是声音""真、假嗓子""共鸣""呼吸"等,都是当下许多声乐教师难以从机理上解释清楚的问题,而应先生却坚持以歌唱原理、发声机理加以分析解剖。他还直接批评声乐教师教学中使用"面罩共鸣"概念,指出"根据生理构造来分析,'面罩'并无构成共鸣的条件"。而为了追求"面罩共鸣",忽视"乐器的"整体概念,是不合理的做法。[①] 但遗憾的是,尽管他的观点早已为美国威廉·文纳的实验证实,前额面部的窦性腔体和鼻腔都不是理想共鸣结构,但类似说法至今还盛行于课堂。据此,他在"几点建议"中规劝道:"教师方面:声乐牵涉到(1)生理学;(2)物理学,特别是有关音响部分;(3)力学;(4)心理学。为了很好地从理论上把声乐的种种问题讲清楚,最好对于上述几门学科能掌握它们最基本的知识。"[②]这是应先生对经验教学提出的诚恳忠告。

  应先生坚持大胆创新,知识广博,善于变通,不因循守旧,这不仅体现在声乐教学领域,还体现在关联课程教学方面。他一生主要从事表演专业和师范专业两类声乐教学,但他也积极探索基础音乐教育和学科交叉课程教学等课题。在上海国立音专时,他同时担任声乐、音乐理论、合唱等课程教学,还为音乐理论教学编撰《乐学纲要》教材,为合唱教学创作合唱作品;在松林岗国立音乐院分院时,他不仅教授声乐,还为声乐学生开设意大利语、德语、法语语音课程,并自己组织、设计教学内容;在江安国立戏剧专科学校时,他以欧洲发声方法"结合戏剧台词、朗诵,并整理出一套'话剧演员嗓音训练'的方法,从而解决了话

[①] 应尚能.以字行腔[M].北京:人民音乐出版社,1981:85.
[②] 应尚能.以字行腔[M].北京:人民音乐出版社,1981:89.

剧演员舞台发音用嗓的问题,不仅提高了嗓音的穿透力和用嗓的持久性,还使学校的课务和学生的程度大有进展,对乐剧颇多改进"①。他不但授课极其认真,教学效果异常出色,还培养出一批著名戏剧人才。他还与黄自等人编撰初中音乐课本,对国民音乐教育做出重要贡献。

  应尚能毕生都在从事演唱和教学工作,还经常同时为几所学校上课,比如在重庆就曾先后或同时任教于国立剧专、社会教育学院、国立音院分院等多所院校;而在苏州期间又长期奔波苏州上海之间,在苏州国立社会学院、国立上海音专和沪江大学音乐系任教。② 由于教学出色,应先生虽频繁变更工作单位,但总会有之前的学生随先生转学或跨校学习,由此可见他在学生心目中是多么优秀。

三、应尚能的声乐实践及理论研究

  应尚能的声乐实践成就斐然,基本覆盖声乐艺术各个领域。作为歌唱家他利用舞台演唱将西方声乐体裁、歌唱方法、演唱风格引进中国,为我国舞台艺术增添了新的色彩;作为教育家他同近现代前辈一道,共同创建中国专业声乐教学训练体系,培养了许多杰出的歌唱家和音乐教育家;作为师范学科教师他不但培养了大批音乐师资,还对普及学校音乐教育做出非凡贡献;作为作曲家他积极探索西洋作曲技术与中国传统音乐和诗歌的融合,创作涵盖不同体裁、内容、形式的声乐作品,还与音乐同道共同奠基了中国艺术歌曲风格;作为社会教育工作者,他参与抗日宣传,倡导社会新风,推进新文化发展,中华人民共和国成立后又积极服务民众,宣传党的政策,讴歌祖国新貌,推动新中国的建设;作为教改先行者,他积极参与教育、教学、课程改革,为专业、师范音乐教育带来活力,还积极参与专业音乐教育和学校音乐教育教材的编撰;作为理论学者,他对源自西学的演唱、教学、创作深刻反思,探索以西方科学知识和理论学术思想,对声乐理论、唱法技艺、教学训练展开多维理论学术研究,为我们留下了珍贵的理论著述。尽管他在上述领域的实践今天看来或许并非尽善尽美,可他是在国内没有先例的情况下全线出击,通过不断探索,不懈努力,为后人提供了开拓性

---

① 杜昀鹏.歌唱之道:以字行腔[J].天津音乐学院学报(天籁),2011(4):21-30.
② 俞玉滋.声乐艺术家应尚能及其贡献[J].中央音乐学院学报,1990(2):67-71.

的探索样本,为后来中国声乐艺术的全面发展与腾飞铲除荆棘,趟出了属于中国自己的道路。

作为作曲家和教育家的应尚能一生创作颇丰,他的主要作品有:歌曲《吊吴淞》(1932)、《无衣》(1938)、《请告诉我》(1939)、《带镣行》(1959)等150余首,歌曲集《燕语》(商务印书馆,1935)、《荆轲插曲》(咏葵乐谱刊印社,1940)、《国殇》(上海音乐出版社)、《应尚能歌曲选集》(16首附钢琴伴奏谱,人民音乐出版社,1989)等,此外还包括著作《乐学纲要》(商务印书馆,1935)、《以字行腔》(人民音乐出版社,1981),编辑《复兴初级中学音乐教科书》(6册,与黄自、韦瀚章、张玉珍等合编,商务印书馆,1933)①等相关教育教学理论著作。

他毕生创作的150余首声乐作品,体裁涉及歌曲(含乐歌、儿童歌曲、艺术歌曲、群众歌曲)、合唱曲和练声曲,还结集出版或参编多部歌曲集、初级中学教材、音乐理论教材。一些歌曲作品在新文化运动中产生过重要影响,在抗日战争时期发挥过重要作用,他还为推动我国学校音乐教育和专业音乐教育编创适应时代发展的教材。这些歌曲、曲集、教材分别承载着不同历史时期的特殊文化内涵,并对推动歌唱艺术及音乐教育教学的进步,发挥了极为重要的作用。1938年他还亲撰"介绍现代音乐教育的论文《发展音乐教育之我见》……发表在林语堂和姚克合编的英文刊物《天下》上"②。

他在声乐理论方面最重要的著述是结合个人演唱、教学实践撰写的《以字行腔》和《我的声乐经验》。两篇著述篇幅虽然不长,但无论是从当时抑或今天来看,都是具有引领时代意义的重要文献。

《以字行腔》是应先生在早期声乐演唱、教学实践中,针对自己遇到的实际问题,经长期思考、研究后形成的重要成果。他在观察国内观众欣赏表演的表现后发现,"只有在少数场合我是受欢迎的,其他很多地方我是被冷淡看待的。我发觉我应该考虑我的听众是谁,并且要认真估计他们喜欢听什么歌"③。正是凭借这一朴素想法,他理清了长期萦绕心头的困惑:"我究竟应当为什么样的

---

① 缪天瑞.音乐百科词典[M].北京:人民音乐出版社,1998:738-739.
② 杜昀鹏.歌唱之道:以字行腔[J].天津音乐学院学报(天籁),2011(4):21-30.
③ 应尚能.以字行腔[M].北京:人民音乐出版社,1981:3.

听众服务,应该唱什么样的作品。"他得到的答案是,一定要用听众听得懂的方式,演唱听众听得懂的歌曲。而解决问题的关键是必须改变自己的唱法,必须演唱和创作中国自己的歌曲。围绕改变唱法的结论都凝聚在《以字行腔》中;围绕演唱作品的结论则是演唱中国人自己的作品,为此他积极投身歌曲创作,一生都没有停止。

　　应尚能著述中提及的"以字行腔"很容易让人产生迷惑,因为他说的"以字行腔"与传统民间戏曲、曲艺术语"依字行腔"存在字面意义和语音发音的高度相似。不过他的"以字行腔"是指要以说话语音中的字词发音,作为歌唱发声的演唱基础。所以他强调要以说话语音发声规律,作为歌唱嗓音发声的根基,用以保证和维系唱词语音的纯正与准确。他认为在贯彻"以字行腔"时,需要将嗓音发声方法统一到韵母"咬字"形态、方法上来,并以其作为歌唱语音延音的基本方法,使歌唱发声能够顺应唱词语言的音韵规律,这是对西洋歌唱发声法应用于中国歌曲演唱的方法改良与创新。也就是说,不论歌曲音乐音调如何构成,不论作者在创作中呈现何种旋律,歌者的演唱都需要以唱词语音发音规律作为歌唱发声的基础。而中国传统戏曲声腔理论总结的"依字行腔",虽只有一字之差,但二者存在明显的语义、内涵差异。"依字行腔"是中国传统戏曲、曲艺音乐的行腔基本规律之一,指各种戏曲、曲艺唱腔的曲调须与唱词的声调相吻合。我国各地方言有不同的声调,有的调类相同,但调值并不相同;因声调的调类、调值而区别词义。[①] 所以,中国戏曲、曲艺音乐在制调、创作时,通常会根据这一规则,依据唱词语言的方言字调、语调、语气、语势等声音的变化,编创和制作音乐曲调。而在演唱这类曲调时,同样需依据音乐音调与语音声韵的相顺规律,在唱词语音演唱发声过程中,还原唱词语音的声调音韵特点,其中包含以方言音韵创作的戏曲、曲艺音乐的演唱。所以按照"依字行腔"规律演唱曲目、剧目,同样应服从和尊重音乐创作阶段按照"依字行腔"规律形成的音乐音调及语音音韵的同步相顺关系。况且戏曲、曲艺唱法属于与西洋唱法截然不同的独特存在,故其发声方法、声响效果、唱法技艺、风格特点皆与西洋唱法不

---

① 中国艺术研究院音乐研究所,《中国音乐词典》编辑部.中国音乐词典[M].北京:人民音乐出版社,1985:458.

同。可见,"依字行腔"更多是指戏曲、曲艺音乐的音调创作必须重视和依循说话语音的自然声调、音调、语气、语势、语情的音韵变化,重视唱词语音发音,包括方言发音的语音、语调、音调、语气的声韵规律,所以唱词语音使用普通话还是方言,有可能会引出悖反"依字行腔"规律的问题。概括而言,"以字行腔"与"依字行腔","以"主要是指"拿""用",而不是顺应;而"依"则更多的是指"依照""顺从"。不仅如此,"以字行腔"侧重强调演唱需要以唱词语音发音及音韵生成规律,决定歌唱语音以及歌唱嗓音的发声方法及唱法特点;而"依字行腔"偏于强调歌曲音调的编制、创作,需依循唱词语言的具体语音发音规律,包括以普通话或方言语音的音韵发声规律,来构思和设计唱腔音乐音调;而在演唱过程强调"依字行腔",则是希望能够通过语音声响还原,达成语音的清晰与准确,因而同样需要尊重原有的唱腔音调和语言音韵的吻合规律,并使二者实现完满统一。在方言作品的演唱中,"依字行腔"的歌唱发音很可能会因为改用其他方言或用普通话发音,造成唱词语音与原曲音调旋律的语言声韵走势不相匹配,进而导致歌者不能依循"依字行腔"规律演唱的客观效果。然而"以字行腔"却不存在这个问题,因为它无需顾及唱词语音与原曲调的音乐创作约定与唱词音韵是否统一与相顺,只要歌者根据唱词语言的自身音韵规律进行规范发音,完成演唱表现便算达到目的。更重要的是应先生研究的是歌唱艺术的发声方法,它与戏曲曲艺的制曲方法完全不同,所以二者的内涵区别很大,且声乐界的很多歌者和师生都没有真正搞懂这一点,从而容易误读和误解应先生的观点,这也是许多研究应先生论著的文章观点出现错误和偏差的主要原因。

有关歌唱"咬字"的论述,应先生更多沿用了传统中国民族声歌理论的通行说法,这在《以字行腔》成书的年代是可以理解的。但今天有关歌唱语音的研究已较当年有了很大发展。如今对汉语语音发音规律的认知,"咬字"仅只符合"声母"(或子音,但不能严格对应)的发音规律。因为在汉语语音中,以唇、牙、齿、舌、喉、鼻部位气流阻碍生成的声母,使用的是声带以上口腔内的气息,其阻碍方式主要为阻塞或摩擦,所以声母发声不响。但为保证发音清晰就必须强化喷口和发音成阻力度,帮助其实现分隔韵母(母音,不能严格对应),构成字词的语音需要,故在语音学中被称为"咬字";而所有韵母(母音)发音皆需振动声带，且气流通过口咽腔体空间时须保持肌肉用力均匀，以保证气流运动顺畅和发音响亮，故用的是声带以下的气息，且韵母成声时气流不能受阻，所以在汉语语音前声后韵结构中，韵母成声需要快速解除声母的阻碍力度，涉及语音除阻的控制方法，因而韵母发音在汉语语音学中被称为"吐字"。《以字行腔》中将声母、韵母发声统称为"咬字"，而不是将声母、韵母分别称为"咬字""吐字"，虽然就当时观点而言无可厚非，但比照今天的观点难免会造成误会。所以不少以《以字行腔》为研究对象的论文，都存在脱离"咬字""吐字"概念的表述问题。故我们今天研讨《以字行腔》相关论点时，应当刻意避开由时代局限造成的表述障碍，以免误读应先生的观点，引发阅读、研究者的认知错误。倘若排除这一点去分析先生的著作，他对歌唱语音及歌唱发声方法的论述，非但没有实质错误，反而在当时相当先进和前卫。先生本人毕竟拥有西洋理工科的素养，对科学知识的认知显然高出同期声乐同行不止一筹。也正因为当时众多声乐教师在理论知识方面普遍存在欠缺，才促成他在《我的声乐经验》一文中对广大教师应掌握相关学科知识的强烈呼吁。

  应先生的这项研究其实是针对西洋唱法应如何演唱中国作品的问题，涉及的是中文语音歌唱与国人嗓音审美这个关键要点，他想解决和表达的意思都很清楚，就是要切实解决自己在演唱、教学中遇到的，中国听众不能接受西洋唱法演唱中国字的语音唱法问题。幸运的是，在应先生之后的数十年间，声乐界同仁们已然切实解决了这个困扰他多年的问题。比如，在用西洋唱法演唱中文语音技术方面归纳出：以西洋唱法演唱中文，可采用子音前置，母音后置，子音发力咬字，母音吐字松动圆顺，子音短而母音长，说字音唱母音，强调胸腹联合式呼吸，运用整体混合共鸣，声音集中高位、明亮致远，高音母音掩盖、腔体空间相对较大等一系列唱法技术规范，从而在保障西洋唱法音色特点的基础上，很好地维系西洋唱法的中文语音发音的准确与清晰，却又不至于使之与民族唱法语音发声技术和嗓音风格相混淆。更重要的是，经过应先生引进、开拓、传播的西洋唱法艺术风格及各类西洋声乐体裁，也早已在几代声乐工作者的共同努力下，为广大中国听众理解、接受、认同和喜爱，故应先生当年的研究成果可谓是硕果累累，桃李满天下了。

总之,应先生的声乐理论著述虽然篇幅较小,但他倾毕生精力研究撰写的学术著作,是在国内学界全无可资参考、借鉴的基础上形成的学术成果。而他坚持以西洋科学成就诠释和揭秘歌唱艺术规律的做法,对后世声乐理论研究明显具有极好的引领作用,在当年则更加显得难能可贵。先生的许多观点和有关教学、演唱的建议,即便是在今天,同样具有一定的针对性和现实指导意义,而这也正是应尚能先生杰出和可敬的重要因由之一。但对于今天的歌唱家、教师、学者来说,我们唯有以发展的眼光和不懈的学习与努力,继续先生未竟的事业才是正道,从而不辜负周淑安、应尚能等声乐前辈为我国引进西洋声乐艺术的种种努力,为振兴中国的声乐艺术做出更大的成绩。

四、应尚能对我国声乐艺术发展的贡献

应尚能的一生经历坎坷,他幼年丧父,靠母亲和大哥养大,后考入清华学校,通过庚子赔款留洋深造,先学化学,继学机械,再习音乐,秉持报效祖国之心,回国服务,虽毕生从事音乐教育,却颠沛流离,数遭不明原因解聘。在抗日战争时期,他教育、宣传并举,竭力为国为民创作革命歌曲,激励全民抗战,工作屡遭变动。他参与筹建青木关国立音乐院,呕心沥血,竭力操持,还赴港招揽教师,音乐院建校后却遭解聘;继而辗转国立剧专、社会教育学院,依旧忠于职守,潜心教改,促进社会教育,后至松林岗分院成立后才重返音乐院。抗战胜利后,他再回社会教育学院,随迁南京、苏州,还在上海多校兼职。中华人民共和国成立后屡逢学校合并,他不断迁移工作地点,坚持政治、业务学习,紧跟党的路线,却因早年学习工作经历,受历次运动波及,还被批走"白专道路","文革"期间更是屡受磨难,却依然痴心不改,认真教学,潜心钻研,著书立说。如今看来,他的际遇与社会环境改变相关,虽然他始终努力不辍,在某些方面不能得到应有的尊重,可他的业界声望却如日中天。他就像当年的许多知识分子一样,民国时期尽力报效,恪尽职守,担任政府公职,竭力为国分忧,心心念念的是音乐和声乐,始终以发展国乐为己之责任。他在20世纪三四十年代创作了大量革命、抗日、爱国作品,不断探索西洋声乐体裁的中国实践与创新,坚持找寻中华文化与西方艺术的结合途径。中华人民共和国成立后他又坚决跟着共产党,紧跟形势,努力学习,改造思想,上山下乡,走进厂矿,创作也皆为歌颂祖国、促进建设、

振兴中华、繁荣大众文化。就连他在著作中也坚决响应毛主席号召,坚定走革命化、民族化道路,坚持为广大劳动人民服务。应先生的一生实实在在地开拓并推进了中国声乐艺术的启蒙与发展,还为之做出了非凡的业绩,我辈后学当永远铭记。

应尚能先生的贡献大致可归纳为以下几点:

(1)应先生与同时代声乐前辈是最早将西洋声乐艺术引进中国的业界先驱,他们以报效祖国的方式,将留学西洋习得的西洋演唱形式,歌剧、艺术歌曲体裁,西洋演唱风格完整地引进中国,为祖国艺术的繁荣兴旺增添了色彩。所以应先生是当之无愧的中国声乐艺术的先行者和开拓者,为奠定中国声乐艺术体系立下了汗马功劳。

(2)应尚能始终坚持亲身参与舞台实践,通过舞台展示西洋歌剧、艺术歌曲作品,参与独唱、重唱、合唱等声乐形式的表演,让中国受众由感知、体验升华到认识、理解、喜爱西洋声乐艺术及其演唱方法,使源自西方的声乐艺术奇葩在中国大地生根、开花、结果。因而他也是真正意义的西方声乐艺术在中国的传播者和推广人。

(3)应尚能与周淑安等前辈一道,白手起家地创建了中国自己的声学教学训练体系,借助音乐学院专业声乐教学阵地,为中国培养了一大批优秀的歌唱家和声乐教育家,为今日中国声乐艺术之腾飞,打开了通往世界的大门。应先生还参与组建中国音乐学院,为中国民族声乐教学体系的创建做出了自己的贡献,且应先生是我国唯一对西洋声乐教学体系和中国民族声乐教学体系的创立都做出贡献的重要创始人和领航者。

(4)应尚能毕生从事歌曲创作,还为绝大部分作品谱写了钢琴伴奏谱。他创作的不同体裁的作品,分别对我国近现代艺术歌曲体裁及风格的形成,对学堂乐歌、革命歌曲、群众歌曲的普及与传播,对中国合唱艺术的奠基与推广等,都做出了极为重要的贡献。所以他既是近现代中国艺术歌曲创作风格的缔造者,又是中国学堂乐歌、革命歌曲、群众歌曲的倡导者和推广人,还是中国早期合唱艺术的重要播种者。

(5)应尚能长期致力声乐演唱理论的探索与创新,他在研究方法、手段相对落后的年代,积极尝试以西方科学理论及关联研究成果解开人声歌唱的奥秘。他是第一个系统运用嗓音科学及关联知识从事声乐教学的实践者。而这一做法也是他之所以能取得远超同行教学业绩的根本原因之一。作为中国声乐先驱的他,并不满足自己取得的演唱成就,还孜孜不倦地尝试改进自己的演唱方法,为探索以西洋唱法演唱中国作品寻找属于自己的道路。

(6)应尚能的全部职业生涯几乎都在从事声乐教育以及音乐教育行政工作(曾在重庆国民政府音乐教育委员会任职),为大学生和初中生编写教材,承担多学科跨专业教育教学任务,为不同层次歌者和群众创作声乐作品等,可谓是以毕生精力致力于提升我国专业音乐教育和国民音乐教育水平,因而他又是教育战线不辞辛劳的探索者,对我国各类音乐教育的发展厥功至伟。

应尚能是我国声乐艺术领域罕有的全才,他不仅全方位参与和涉足声乐艺术实践及关联领域的工作,而且在各个方面都取得了骄人的成绩。或许我们可以这么说,中国声乐艺术之所以能有今天,就因为应先生在每个方面都打上了来自他的深深烙印,所以今天的声乐工作者和共和国永远不应当忘记他。

应尚能歌曲创作及其声乐演唱理论与实践研究

徐 潜

(吉林师范大学 吉林 长春 136000)

摘 要：

应尚能是我国近现代音乐史上优秀的作曲家、音乐教育家、声乐表演艺术家。他不仅是我国美声唱法的奠基者也是国内举办独唱音乐会的先驱。我国历史文化名城苏州,不仅是他学习过的城市也是他任教、安家、成功举办独唱音乐会的重要城市之一,对其个人发展影响重大,为日后歌曲创作奠定了坚实基础。应尚能先生声音圆润浑厚,富抒情性,演唱曲目多是中外艺术歌曲,能将作曲家的创作本意淋漓尽致地演绎出来。本文将从应尚能的歌曲创作和声乐演唱理论研究两个方面进行分析,针对实践进行研究,提出相应的借鉴方法。

关键词：

应尚能 歌曲创作 声乐演唱理论与实践

应尚能,浙江宁波人,我国著名的男中音歌唱家,在中外声乐演唱艺术方面建树颇高。他在声乐演唱研究过程中,创新性地将中国传统唱法与美声唱法有效融合,并形成其知名著作《以字行腔》和《我的声乐教学经验》。在应尚能先生硕果累累的作曲生涯中,作品不仅有历史歌剧《荆轲插曲》,还包括《国殇》

《无衣》等艺术歌曲。在歌曲创作和声乐演唱方面，应尚能是最早一批留美归国的人才，歌曲演唱技巧方面十分卓越，受到当时声乐演唱学科专家的高度评价[1]。据戴嘉枋先生描述，应尚能在演唱中的声音控制能够始终与音乐的层次和歌曲意境有机融合，声情并茂又注重对艺术的完美表现。应尚能先生一生都扑在声乐教育事业上，培养出一批批著名的歌唱家，其丰富的演唱经验和理论知识促使他创作了大量的声乐作品和理论著作，他创作的歌曲多达近200首，创作类型比较丰富，作品中不仅包括独唱曲、重唱曲、合唱曲，还有多首儿童歌曲和练声曲等。作品中将中国语言、国情以及人文情感与欧洲古典艺术歌曲相融合，不仅有国外音乐作品的艺术特点，还具有一定的中国民族特色，是中国近现代音乐史上宝贵的艺术财富[2]。

一、应尚能的生平

应尚能1902年2月出生于江苏南京，祖籍浙江宁波，据梁实秋散文《记得当时年纪小》中记载："同班的应尚能有音乐天才，唱低音，那天在青年会他涂黑了脸饰一黑人，载歌载舞，口里唱着——It's nice to get up……满堂喝彩，掌声如雷，那盛况至今如在目前。"完美诠释幼时的他便有得天独厚的音乐天赋[3]。少年时期，应尚能在私塾攻读古文与诗词，打下了坚实的文化基础，15岁考入北京清华学校。1923年在清华学校毕业后，赴美留学。同年9月进入密歇根大学攻读机械工程专业，1927年6月毕业，获理学学士学位[4]。而后转到该大学音乐学院半工半读两年，攻读声乐专业，于1929年6月获密歇根大学音乐学院音乐学士学位（声乐专业）。此后，曾在美国一教堂担任独唱，在众多城市多次举办音乐会。留美七年是他一生中的重要阶段。西方音乐文化的洗礼和青少年时期植根的中国文化底蕴在他身上融合交汇，在他未来的人生旅途中发挥了重要作用。1930年5月，应尚能怀着施展音乐抱负的心愿回到南京。翌年，经黄自的推荐，任职于上海国立音专，承担声乐、合唱、乐理等教学工作。1940年重庆青木关国立音乐院成立，应尚能是该院筹建人之一。20世纪40年

---

[1] 张利娟.热情严肃好学不倦——听应尚能的演唱[J].人民音乐，1963（1）：21-21.
[2] 吉鹏飞.声乐教学中歌唱风格的个性化培养[D].中国音乐学院，2019.
[3] 廖辅叔.读《留美三乐人》书后[J].中央音乐学院学报，1991（2）：69-70.
[4] 俞玉滋.声乐艺术家应尚能及其贡献[J].中央音乐学院学报，1990（2）：67-71.

代,应尚能任职苏州国立社会教育学院艺术教育系,担任声乐教授,安家苏州。苏州是对其影响较大的城市之一,是他学习和奋斗过的地方。他的音乐作品在苏州各地广为流传,苏州的从教经历、歌唱生涯为他日后的成功奠定了坚实基础。当时,他每周要奔波于苏州与上海两地,在国立上海音专和沪江大学音乐系兼职授课,培养了中国第一代新式声乐专业人才,知名歌唱家斯义桂、蔡绍序等,都曾受教于他的门下。① 中华人民共和国成立后,他还担负起培养青年教师的任务,将欧洲的美声唱法移植到中国,不仅因材施教进行个别指导,还将自己的经验毫无保留地传授给他们,亲自带领他们去外地巡回演出,这种课堂教学与艺术实践相结合的方法,非常有利于培养青年教师的实际教学能力。应尚能一生热爱音乐表演艺术,勇于求新探索,不断实践研究,在声乐演唱、歌曲创作、学术研究方面取得的巨大成就,为他建立中国声乐教学体系打下了根基。

二、应尚能的歌曲创作及代表作品解析

应尚能先生创作的声乐作品风格多样、严谨质朴、种类繁多、结构层次分明。音乐语汇(旋律、和声)借鉴欧洲古典浪漫派艺术歌曲表现手法,注重曲调与民族语言的声调、语势和情感的结合,音乐作品尽显中国风格。他的歌曲创作可分为三个时期:早期(1932—1936)多是对大自然的抒情,高雅健康,如《荷花》《风光正好》(均为韦瀚章词)。中期(1937—1948)抗战时期谱写的合唱曲、独唱曲,倾注他炙热的爱国主义情怀,如《无衣》《请告诉我》(均为闻一多词)。后期的歌曲创作是在新中国成立后,题材广泛,具有新时代特点,例如赞扬社会主义新生活的作品《歌唱和平的生活》(应尚能词)、《夜歌》(贾启明词),歌唱劳动英雄的作品《前进,年轻的建设者们》(胡昭词),描写白衣战士高尚情操的作品《战地护士之歌》(管平词),表现革命烈士忠贞不屈、视死如归的作品《带镣行》(刘伯坚词)等。作品包含独唱曲、重唱曲、合唱曲以及儿童歌曲等,对于长期学习欧洲唱法的南方人应尚能,创作用规范汉语演唱的中国歌曲,可以说是个新课题。他研究外国作曲家舒曼、舒伯特的声乐作品,中国作曲家萧友梅、赵元任、黄自等人的声乐作品,创作了150多首声乐作品,全部附有钢琴伴奏,

---

① 谢俊武.斯义桂的生平及演唱[D].上海音乐学院,2006.

这些钢琴伴奏成为歌曲的有机组成部分,发挥了声乐演唱艺术与钢琴伴奏艺术相结合共同塑造音乐形象和营造审美情境的作用。

1.独唱曲《吊吴淞》作品解析

应尚能先生创作的独唱作品较多,有谱例的多达29首,其中1932年根据一·二八事变创作的《吊吴淞》是最具代表性的作品。这部作品在钢琴伴奏和歌词创作方面有着较高的艺术价值,是艺术歌曲中的典范[①]。《吊吴淞》由韦瀚章作词,韦瀚章是我国第一批从事现代歌曲创作的作词大师,创作的歌词有三千多首,著名代表作有《送别》《长恨歌》等。《吊吴淞》整体的歌曲结构并不复杂,属于一首通谱歌,钢琴伴奏和歌曲旋律安排十分巧妙,能将歌曲中所表现的情感传达得淋漓尽致[②]。歌曲开头部分,以 a 和声小调开始,伴有小二度装饰音,能够渲染出一种紧张不安的气氛。接着下行到了越来越低的音区,体现出一种沉重、压抑的情感,预示着有不详的事情将要发生。第3—5小节会有持续的小二度颤音,仿佛暴风雨要来临,能够让人感受到一种局促不安的氛围。第11小节的第二拍有人声介入,第一句"春尽江南",曲首冠音(瀑布型)的旋律,犹如一声哀怨的叹息。巧妙的是作曲家没有在此处加入钢琴伴奏,与之前形成鲜明的对比,通过"叹息声"将听众带入忧伤无奈的情景里。作品最后又回到 a 和声小调,伴奏音型为 A 段的变奏,音乐表情也发生变化,歌曲中的情感又回到之前的紧张不安中,此时旋律开始变成一声声的呐喊,在整体的织体伴奏中,歌曲的情感和气氛已经被推至最高点,将作者内心的爱国之情强烈地表现出来。在实际的演唱过程中,必须将歌曲中激动和愤慨的情感展现出来,加上钢琴伴奏,更需要注重演唱节奏的稳定。《吊吴淞》这首艺术歌曲词作家具有强烈的爱国主义情怀,歌曲中的情感变化十分丰富,旋律形式多样,需要演唱者将词作者的个人情感完整表现出来。

---

① 张林.应尚能先生创作的基本倾向[J].人民音乐,1986(1):35-36.
② 李艳明.尚德义艺术歌曲的创作特点与演唱分析[D].北方民族大学,2017.

2.重唱曲《追寻》作品解析

应尚能先生创作的重唱曲中具有代表性又区别于其他题材的作品是《追寻》，表达了男女之间纯真、高尚、真挚的爱情，同时寄托了作者对世间美好事物的向往。《追寻》由许建吾作词，应尚能作曲，是一首男女声二重唱。歌曲以 A 大调开始，伴奏以柱式和弦为主，整个作品的音乐风格充斥着明亮、庄严、神圣的情感基调。在人声部分，首先由女高音进入，伴奏则由柱式和弦变为分解和弦，作品的主体主要是由人声控制，整个音乐结构比较流畅与自然，而后男高音会接替女高音进入，旋律是对女高音的变化重复。乐曲第 29 小节，弱起演唱 B 乐段，旋律上男声与女声会形成卡农形式，但歌词不一样。第 36—44 小节，女高音率先单独出现，在男高音声部出现之后再现女高音声部，女高音声部主要负责歌曲的主旋律，在出现新的音高之后，感情开始热烈。歌曲高潮部分，需要男女声部把握各自的音乐节奏，保持自身节奏的稳定，同时了解对方的节奏，突出音乐的主线条，声部需要张弛有度，如果需要突出的声部那就需尽情表达出来。歌曲的最后一段，与之前的乐段对比比较鲜明，相较之前多了一些戏剧性。演唱者在演唱时需要将个人感情投入其中，男高音声部应控制好音量，与女高音声部做好配合，并注意声部之间的音色与音量的平衡。

3.合唱曲《我愿》作品解析

应尚能的合唱歌曲主要表现的是一种爱国主义精神，代表作品是《我愿》。这部作品中伴奏织体丰富，在声部安排方面比较灵活，是一首混声四部合唱曲，由力扬作词，主要表达了对祖国的热爱和愿意为国牺牲的崇高精神。这首合唱曲的唱词构思巧妙，在声部运用方面有多种形式，歌曲的情感层层递进，在文学艺术表达方面张弛有度，将作者的爱国主义情怀淋漓尽致地展现出来。歌曲以 F 大调开头，以六连音节奏音型开始，直接奏出歌曲主题旋律，音程一开始就是大跳，整首歌曲充斥着诚挚的、炽热的、戏剧性的情感基调。歌曲的引子部分流畅、自然，自第 10 小节起，人声开始进入，男高音声部和男低音声部同时唱出主题旋律，音型变得相对密集一些，第 22 小节开始，表达了作者对祖国的热爱及深厚感情,在实际演唱过程中需要着重进行强调,使音色更加饱满①。第 72 小节,从 B 段开始变奏,男低音声部与主题动机有着比较相似的旋律,之后会有几个声部强调此动机,会给听众留下比较深刻的印象,在演唱作品时需要张弛有度。第 91 小节作品进入高潮部分,各个声部之间需要相互配合,在演唱情绪上也是层层推进,合唱中的最后一刻,整体的情感表达会被强烈地展现出来。

4.歌剧《荆轲插曲》作品解析

历史歌剧《荆轲插曲》根据荆轲刺秦王的历史故事创编,由顾一樵编剧,梁秋实作词,包含了多种形式的演唱。歌剧以 d 和声小调开始,伴奏选择三连音,第一个音是由男高音独唱进入,伴奏中连续的低音加八分音符,能够展现出一种特有的情绪。荆轲豪迈的英雄气概在第一幕就展露无遗,歌剧开头部分,具有强烈的冲击感,能立即带领观众进入剧情。第 43 小节,歌曲进入对比部分,为荆轲满腔热血的豪言壮语奠定了慷慨激昂的基调,整体气势恢宏,表现了荆轲的雄心壮志,气势变得高涨,同样的旋律,与之前的独唱形成鲜明对比,整部歌剧的情感也在逐步升温。第 98 小节,进入尾声部分,展现了主人公荆轲忧国忧民的志向。歌剧《荆轲插曲》主要是将荆轲的男儿形象放大,将那个时期音乐家内心深处的呐喊表现了出来:对祖国和平、人们安居乐业的憧憬。整部歌剧是中国音乐史上最杰出的代表,也是中国歌剧史上比较重要的里程碑②。

三、应尚能的声乐演唱实践

有关应尚能先生演唱的音频、视频,由于年代比较久远,能收集保存的仅有 18 首,且多是演唱中国艺术歌曲,也有部分外国艺术歌曲。在应尚能教授从事声乐教学 26 周年时,北京艺术师范学院为他举办了独唱音乐会,在北京这是中华人民共和国成立后第一次举办的独唱音乐会。应尚能先生演唱了较为拿手的意大利歌曲、德语歌曲近 10 首,会场频频响起掌声,音乐会的高潮部分,他还演唱了自己创作的歌曲《植树》《无衣》等歌曲,受到热烈欢迎。应尚能先生为我国培养出许多优秀歌唱家和音乐教育工作者,为中国声乐表演艺术走向未来、走向世界谱写出光辉灿烂的历史新篇章。

---

① 刘秀文.从声乐表演艺术视角看民族声乐演唱学科的发展[D].河北师范大学,2016.
② 崔腾.应尚能的歌曲创作及其声乐演唱的理论与实践研究[D].武汉音乐学院,2016.

1.中文歌曲《睡狮》风格解析

应尚能演绎的中文歌曲的代表是《睡狮》,由韦瀚章作词,黄自作曲,整首作品歌词表现的是作者强烈的爱国热忱。作者用沉睡的狮子比喻中国,将侵略中国的一些国家比作虫蚁,希望睡狮能够振作起来,抵抗外来侵略者。这首歌曲属于革命歌曲,采用男中音饱满的音色,有一定的亮度,歌唱气息充足,整首歌曲都在中音区[①]。应尚能先生将歌曲《睡狮》有效演绎,咬字、吐字清晰,声音明亮悦耳,使人精神振奋,余音绕梁,回味无穷。

2.外文歌曲《菩提树》风格解析

外文歌曲《菩提树》是一部比较优秀的作品,是奥地利作曲家舒伯特创作的一首艺术歌曲,描写了主人公与菩提树之间的别样情谊。歌曲旋律优美动听,情感表达比较细腻,是当时大量艺术歌曲中比较受欢迎的作品之一。这是一首德语歌曲,有较多的辅音,在演唱时很容易出现错误,导致作品不能表达出原本的情感,但应尚能先生对歌曲《菩提树》的演唱,每一个发音都比较标准,没有漏掉任何一个辅音:最大程度尊重原谱,旋律方面没有任何更改,节奏方面按照谱例,对作品中任何一个音符都能准确把握,演唱速度、强弱控制也是遵循谱例,该休止的地方休止。音色饱满、声音通畅、完美展现男中音特征,与词作者对菩提树的怀念相呼应,在语言、音色和情感表现方面把握准确,可以说应先生的演唱经得起推敲,其有着比较出色的演绎技能。应尚能作为老一辈歌唱家,在声乐演唱方面有着杰出的贡献,他在各个方面严格要求自己,有着较强的艺术底蕴。

四、应尚能的声乐演唱理论

声乐演唱理论方面,应尚能的《以字行腔》《我的声乐经验》等理论著作都是相对比较有名的。其中,《以字行腔》是应尚能先生为了使中国人能够接受美声唱法潜心研究而著的一本书。当时,由于西方和中国在文化和文字方面存在很大的差异,应尚能先生为了能够将美声唱法引入中国,在《以字行腔》这本著作中,从咬字开始,将字与声音结合起来训练,解决了美声唱法在中国推广存

---

① 王卓.声乐技巧与声乐作品之关系研究[D].湖南师范大学,2016.

在的根本问题。《以字行腔》这部理论著作是声乐演唱研究方面非常有价值的著作,主要针对美声唱法中有关中国歌曲的咬字问题进行详细剖析与讲解[①]。著作《以字行腔》于1981年结集出版,从教师、学生两方面分别提出问题,分析解决办法,是针对我国声乐演唱艺术和声乐教学方面比较早的一部论著。《我的声乐经验》是应尚能先生有关声乐演唱实践经验的相关理论总结,阐述的主要内容包括人体的生理结构、发声结构、活动状态、演唱技能以及声乐的发声原理和科学的训练方法。

1.应尚能的声乐演唱理念

《以字行腔》是应尚能先生最具代表性的一部声乐理论著作,是应尚能先生根据自己的演唱经历在实践过程中不断总结出来的经验,将美声唱法与中国文化和文字结合起来,规避在演唱过程中可能出现的各种错误,以独特的、新颖的写作视角详细阐述适合中国人学习美声唱法的基础理论[②]。应尚能先生的声乐演唱技能大多学习美国,曲目多是外文歌曲。在演唱过程中,他发现自己演唱的外文歌曲只在少数场合受到欢迎。针对这一问题,应尚能先生开始思考自己所唱的歌曲是否需要贴近大众的生活。因此,应尚能先生将以往演唱的曲目更改为中国歌曲,并对歌曲进行再创作,拓宽受众群体。最初,他并没有将美声唱法与中国民族语言充分结合,在声乐演唱上依然具有西方歌曲的风格特征。因为美声唱法起源于意大利,其中包含多种语言,元音是相对比较简单的,将国外的练声方法运用到部分中国人身上其实并不合适,经过多次分析与了解之后,应尚能先生开始收集大众有关声乐演唱方面的意见和评价,并在演唱实践过程中经过不断的思考,终于找到了适合中国人学习美声唱法的方法。此外,他还发现中国观众最喜欢听的其实是用民族唱法演唱的中国艺术歌曲。严格来讲,《以字行腔》所阐述的演唱理念是将美声唱法与汉语发音、民族特性相结合,并吸纳美声唱法的精华。

2.应尚能的声乐演唱技巧

应尚能先生在声乐演唱教学中强调首先要练习咬字,因为字在歌曲演唱中

---

① 崔腾.应尚能的歌曲创作及其声乐演唱的理论与实践研究[D].武汉音乐学院,2016.
② 刘玲.应尚能先生遗稿《以字行腔》[J].中央音乐学院学报,1982(4):59-60.

有着十分重要的作用,而说话和歌唱的咬字存在很大的区别。众所周知,歌曲主要是以旋律和节奏为载体,将文字通过音乐的方式表达出来,再通过人声演唱出来,是一种比较特殊的音乐体裁,只有将音乐与文字结合起来才能产生歌声。他提倡在开始学习如何咬字之前,需要明确一个观念,即歌唱时必须要咬字,歌唱时的咬字在音量上与说话时的咬字不同,在音域上也有很大的不同,歌唱时音高的变化幅度也比较大。著作《以字行腔》中对字与声的关系进行了深度分析,明确了咬字在歌曲演唱中的重要性,将美声唱法与中国的语言和文化有效结合起来,提出了有效的实施方法,提倡学习声乐,要先从学习咬字开始[①]。

那么如何咬字呢？声音主要是通过气流冲过声带,使声带产生震动,形成语言子音。演唱过程中不同的口型形成不一样的母音,决定母音条件的,不仅是口型,还有舌肌,舌肌会对声音的形成产生至关重要的影响。在歌唱时母音位置的统一,不能仅仅依靠改变口型,还需要解决说话和歌唱时的咬字问题。著作《以字行腔》中,明确指出了传统声乐学习方法的弊端,同时结合应尚能先生自身的一些演唱实践经验和中国人学习美声唱法的实际情况,在书中通过举例分析的方法,解决了中国人学习美声唱法所面临的问题,对于建立正确的发声方法与学习状态提供了翔实的理论基础[②]。

五、结　语

应尚能先生作为我国近现代音乐史上一位全能型音乐人才。他集教学、演唱、科研和创作于一身,成果颇丰。教学方面,他将科学的美声唱法引入中国,并在教学中把西洋美声唱法、中国民族唱法与中国文化特色相结合,培育出许多杰出的声乐表演艺术家,为建立中国特色声乐演唱艺术体系奠定了坚实的基础。创作、科研方面,他根据教学和社会实际需要谱写了大量优秀的音乐作品,基于演唱实践与声乐教学编撰出版了多部理论著作,在中国近现代音乐史、声乐艺术史上留下不可磨灭的印记,为中国声乐教育事业做出了卓越贡献。

---

① 任秀蕾.应尚能的声乐教学及声乐理论研究[J].中国音乐,2008(4):158-162.
② 吴波.声乐表演艺术中的曲目选择研究[D].湖南师范大学,2011.

应尚能的音乐实践与理论探索研究

张红霞

（苏州大学　江苏　苏州　215400）

摘　要：

应尚能是近现代音乐史上，将美声唱法与理论介绍到我国的重要代表人物之一，为我国声乐事业的发展做出了重要贡献。他不仅在声乐演唱上有颇高的专业水准，在声乐教育事业上也表现出不可忽视的贡献，培养出一批专业人才，同时，他在理论研究、作品创作等方面也有重要的成果呈现。本文试从应尚能的声乐演唱与理论、教学经历与作品创作等方面做简要的梳理与阐释。

关键词：

应尚能　声乐演唱　理论认知　教学　作品创作

应尚能作为我国近现代史上较早研究和介绍欧美声乐艺术的音乐家，他在声乐演唱、理论研究、教学与创作等方面都取得了重要的成绩，为中国音乐事业的发展贡献了自身的力量。廖辅叔曾给予应尚能很高的评价，"像他这样一位热爱音乐艺术，热爱教育事业的具有多方面才能的歌唱家和教育家，在音乐人才还很贫乏的旧中国,应该算是难得的人才"①。

一、声乐演唱与理论认知

1.声乐演唱

美声唱法在中国的发展起始于20世纪20年代的西式学堂,随着美声唱法传入中国,国内出现了一批按照欧美发声方法进行表演的演唱家。20世纪30年代,中国的声乐人才在国内外声乐教育家的培养下,有了一定的增长,出现了杨荣东、祁玉珍、周冠卿、沈湘、刘海皋、喻宣萱、周小燕、应尚能等一批演唱家。其中,应尚能是我国最早留学于美国学习专业声乐技法的歌唱家之一,也是最早在国内举办个人演唱会的音乐家之一。20世纪30年代初,他在上海开独唱音乐会时,演唱了我国作曲家赵元任、黄自和欧洲作曲家舒伯特、舒曼等人的艺术歌曲。他的演唱内容和演唱形式在当时都是别开生面的。1957年,在其从教26年之际,他在北京艺术师范学院举办了独唱音乐会,演唱了多首意大利、德国歌曲与他创作的《植树》《无衣》等曲目,这次音乐会是中华人民共和国成立后北京首次举行的该类型音乐会。应尚能留学美国归来之初,主要以演唱外国作品为主。在语言方面,他能用意、德、法、英等文演唱,讲究语言与风格的精准把握,力求完美地再现作品的内在魅力。应尚能在演出过程中,特别讲究与钢琴伴奏的交相辉映,这一点尤其体现在艺术歌曲的演唱中。在演唱中国歌曲时,他十分注意内容和格调上的对比与变化。特别是对黄自的作品,更有独到的处理。如唱《睡狮》(韦瀚章词)时,以结实有力的声音,饱满的情绪,塑造了中华民族已经觉醒的英雄形象。而《点绛唇·赋登楼》(宋·王灼词)则以浓郁的声音,柔和的力度,细腻而含蓄地表达了作者对祖国大好春光无限留恋的情怀,气势宽广,格调清新。在演唱民族风格较强的歌曲,如山西民歌《刨山药》时,他十分注重咬字并力求从表现歌曲的感情内容出发,刻画乡土气息浓厚的生活形象。为了能兼顾不同听众的审美差异,应尚能认为要根据听众的不同来选择作品,他开始走中西融合的路线,借鉴中国的"咬字"规则来演唱中外作品。"作为一位出色的男中音歌唱家,他在演唱中的声音控制始终与音乐的发

---

① 廖辅叔.关于应尚能先生二三事[J].音乐艺术,1985(1):48.

展层次和歌曲意境有机融会,声情并茂而又注重艺术的整体表现。在体现出这些不同国家、不同时期、不同风格作品鲜明的艺术特征的同时,又共同赋予了应先生在演唱上朴实而有激情的特点。尤其是他对于舒伯特和黄自艺术歌曲近乎完美的诠释,给现场听众留下了极其深刻、美好的印象,从而给他的演唱生涯画上了一个圆满的句号。"①

应尚能在演唱时比较注重对作品的时代背景、思想主题与情感的把握,另外在语言方面,他一直强调"咬字"的准确性。《国殇》是其在民族处于生死存亡的关键时刻创作的,音域从 $d^1—g^2$,跨越十一度,该曲具有悲壮与雄伟的色彩,钢琴以八度伴奏织体来烘托气氛,需要演唱与伴奏的完美契合。该类歌曲还有《吊吴淞》《无衣》等。

2.理论认知

关于声乐的理论认知,应尚能在《以字行腔》《再论以字行腔》《我的声乐经验》《声乐概论》《声乐的教与学》等文中有较为详细的解读。下面试做简要的归纳与梳理。

应尚能在教学过程中,依据自身的演唱实践,并结合中国的发声方法,总结出一套具有可行性的经验,其中《以字行腔》充分体现了他"民族化"探索道路的重要成果。该书用十二个部分详细剖析了如何"以字行腔",如何运用美声唱好中国歌曲,如何将美声与中国的文化和文字结合起来等问题。"一般说来,歌声不能脱离字而抽象地存在……练唱应该从字入手"②。应尚能将美声的发声方法与"以字行腔"的演唱原则与规律结合,形成了一套教学体系。关于"字"与"声"的差异性,应尚能认为"唱的字可能在音量上与讲的字有程度的不同,在音域上则与讲的字有范围的不同"。对于咬字的理解,应尚能认为:"字头、介母和字尾都是转瞬即逝的部分,都不存在咬字问题,唯有字腹是非咬不可的。"③

以字行腔贵在一个"咬"字,如何练习咬字?应尚能认为应该从字在歌曲

---

① 戴嘉枋.应尚能音乐论著及作品选集[M].长春:吉林音像出版社,2003:1.
② 刘玲.应尚能先生遗稿《以字行腔》[J].中央音乐学院学报,1982(4):60.
③ 刘玲.应尚能先生遗稿《以字行腔》[J].中央音乐学院学报,1982(4):60.

中的位置加以强调，同时要分清说话与歌唱咬字的区别。应尚能从字与声的关系来说明字的重要性，歌声不能脱离字而单独存在，有字必有声，有声未必成话。如果忽略字的存在，就会容易形成音包字的现象。练习咬字之前，需要明确歌唱中的字与平时说话的字是有区别的。"唱的字可能在音量上与讲的字有程度的不同，在音域上则与讲的字有范围的不同，唱时音高变化的幅度较大，这是明显的差别。带根本性的区别应该在字的延长部分去寻找答案。"[1]说话时，字与音是对应的，也就是一个音节代表一个字，属于单音节的文字。但在演唱过程中则要复杂得多。应尚能认为："唱歌时，字可能由一个到四个部分组成。这四个部分是：字头、字腹、字尾或归韵。字头与字尾都是子音，字腹与归韵都是母音。因此，子音有两种形式出现，即字头、字尾。母音则有三种形式，即介母、字腹、归韵。"[2]在歌唱中究竟如何咬字？应尚能以"五音四呼"为切入点，从生理学的角度阐释怎样运用发声器官来达到正确咬字的目的。"五音"指喉、舌、齿、牙、唇，应尚能认为子音是由五音等部位切断或阻拦气流而得的。"四呼"指开、齐、撮、合，不同的口型发出各异的母音，应尚能认为母音的发声除借助口型之外，还应包括喉咽腔与口腔等。母音的改变，需要咽腔、口腔与口型等协调一致。从他七易其稿的《以字行腔》中可以看到：应先生不满足于仅仅将西洋唱法介绍到中国来，他时时不忘的是——为建立我国的民族声乐学派做出自己的贡献。为此，多年以来，他曾经向民间艺人学习民歌、单弦、大鼓等民族民间声乐艺术，悉心研究汉字的结构特点，着力探讨"如何把西洋唱法与中国字结合起来"的问题。他总结一生艺术实践和教学实践的经验，结合分析汉字的字音在日常讲话和唱歌当中运用的异同，提出了唱歌时所谓"咬字"的关键是字腹以及字声结合和"咽腔正字"的理论，并围绕这个理论提出一套比较完整的训练方法。其中吸收了民族唱法的经验，也保留了欧美传统唱法的精华。应先生的这种具有独创性的见解，是值得我们认真体会和深入研究的。

二、应尚能的教学经历与作品创作

应尚能不仅是一个演唱家，而且在声乐教育方面也颇有建树，他是我国最

---

[1] 应尚能.以字行腔[M].北京：人民音乐出版社，1981：6.
[2] 应尚能.以字行腔[M].北京：人民音乐出版社，1981：7.

早传播美声唱法的声乐教育家之一。他曾任教于上海国立音专、青木关国立音乐院、国立剧专、国立上海音专、华东师范大学、中国音乐学院等多所院校。应尚能具备了一位优秀声乐教师所具备的技术与修养,既有精湛的演唱技巧与经验,也具有高尚的道德修养。他一生培养出众多的声乐人才,如斯义桂、蔡绍序、谢绍曾等,其中有些演唱家享誉国内外。

20世纪30年代,"土洋之争"渗透到多个领域,在声乐界也面临着这样的困扰。针对"西洋唱法""本土唱法"的两种理念,争论双方都据理力争。经过一段时间的发展,双方采取折中的办法:"即两种唱法各有优长,又各有不足,不可能用一方取代另一方;惟有长期共存,互相学习,互相促进,才能使两种唱法都得到发展和提高。"[1]声乐教学过程中,在曲目选择时,应尚能虽然以欧美艺术歌曲为主,但他也积极探索用美声的发声方法来演唱萧友梅、赵元任、黄自等人创作的中国曲目,在借鉴他人创作手法的同时,他自己也开始创作声乐作品,并将这种尝试应用到教学当中。应尚能从1931年开始创作作品,他注重音乐创作的民族性表达,他提出的三个创作标准"将来的作品能否发扬我民族的精神?是不是我民族大时代的呼声?能否代表我国家的文化?"[2]这在今天看来也是适用的。关于应尚能的创作特征,戴嘉枋曾评价:"他的音乐创作风格质朴流畅、情感凝练内蕴。音乐结构严谨而富有层次感。在音乐的旋律及和声的运用上,他注重将欧洲古典艺术歌曲的表现手法同曲调与民族语言的声调、语势及情感相结合,所以音乐不失其民族风格。"[3]下文将对应尚能的教学经历及作品创作分为三个时间段进行剖析。

1.初期阶段

该阶段主要指应尚能在上海国立音乐专科学校期间的教学经历,即在他学成归国到抗日战争爆发之前,时间跨度为1931年至1937年。

1930年5月,应尚能从美国留学归国,在黄自、萧友梅的帮助下于上海国立音乐专科学校举办个人音乐会,这次音乐会引起当时中国音乐界的轰动,可以

---

[1] 李焕之.当代中国音乐[M].北京:当代中国出版社,1997:345.
[2] 应尚能.应尚能音乐论著及作品选集[M].长春:吉林音像出版社,2003:25.
[3] 戴嘉枋.应尚能音乐论著及作品选集[M].长春:吉林音像出版社,2003:2.

堪称美声唱法在中国传播的先例。次年,他受聘于上海国立音乐专科学校。除声乐以外,他还教授视唱、合唱等课程。其间,应尚能认真教学,得到广大师生的认可。该阶段创作的作品主要有《梨花落》《我侬词》《燕语》《寄所思》《吊吴淞》等。《我侬词》是应尚能根据管道昇(赵孟頫的妻子)的同名诗词进行谱曲的,该词是管道昇写给赵孟頫的一首诗,以表达其对丈夫纳妾事情的看法,用词婉转,将两人比喻成泥人,我中有你,你中有我,可以看出他们两人的深厚情感。应尚能根据歌词的音调和格律,创作中遵循汉语四声的特点,排除了演唱时倒字的现象,并深化了"执子之手,与子偕老"的意境。1932年1月28日,日本为了迫使南京国民政府屈服答应其无礼的要求,发动对上海中国守军的进攻。全国人民对日本的侵略行为表示愤慨,文艺界也加入声讨当中,音乐艺文社组织上海音专师生赴杭州举行"鼓舞敌忾后援音乐会",应尚能在音乐会上演唱了他创作的《吊吴淞》,缅怀在战斗中牺牲的爱国将士。该歌曲是由韦瀚章作词的一首艺术歌曲,结构简单而精练,钢琴伴奏与音乐旋律结合巧妙,情感变化丰富,体现出作者的爱国之心。这首歌在演唱时务必将歌词、旋律仔细分析,注重音乐与伴奏的关系,将整首歌曲的感情、意义完整地表达出来。

2.中期阶段

该阶段主要指应尚能在抗日战争爆发后到中华人民共和国成立之前,时间从1937年到1948年。1937年,应尚能在上海国立音专的聘期已到,并没有被音专续聘,后辗转多地最终在重庆落脚,在国民党政府担任音乐教育委员会委员一职,兼任秘书,后任社会组组长。应尚能主要做宣传与音乐的普及工作,在应尚能等一批有志青年的共同努力下,重庆成为战时国统区的音乐教育中心。在这个阶段,应尚能参与多种关于音乐的会议,如"审核学校校歌""音乐推广人员训练班""搜集民歌"等决议就是在这些会议上形成的。其间,应尚能任实验巡回歌咏团的团长兼指挥,带领20余人的歌咏团奔赴城镇做抗日宣传活动。1940年他前往重庆青木关国立音乐院工作,担任教务主任,应尚能为音乐院的发展做出了重要贡献。应尚能在此阶段的工作变动较大,先后又在江安国立戏剧专科学校、松林岗国立音乐院分院、国立社会教育学院、沪江大学等院校工作。

国立社会教育学院最早是在四川的璧山,这是当时全国唯一的且较为完备的成人教育学院,在全国具有重要的影响力。应尚能被聘为声乐教授,并主持艺术教育系的工作。抗日战争胜利后,重庆的许多大专院校逐渐搬迁到其他地区,国立社会教育学院也位列其中。在这个过程中,因经费的问题,无法及时建立新的校区,社教院在1946年9月搬往苏州拙政园,1948年又将南京栖霞山新生部的一年级学生也一并迁至苏州拙政园,除了已经借用的拙政园中部外,西部张家的补园也全部借来使用,为了便于管理,其他校区的学生陆续搬迁到苏州。作为该院的教师,应尚能随学院一起前往苏州任教,并在苏州定居,为苏州的音乐教育事业贡献了自己的力量。该院音乐组汇聚了一批著名的音乐家,有声乐家应尚能、孙静录,作曲家刘雪庵、张定和,理论家钱仁康,钢琴家洪琦,二胡演奏家陆修堂、黎松寿等。这样的优秀教学团队在当时是较为少见的。资料显示,应尚能在1946年至1951年曾在沪江大学(1951年沪江大学的音乐系并入华东师范大学,应尚能继续任教并作为系主任主持工作)任教。重庆国立音乐院分院(后改名为"国立上海音乐专科学校")于1946年搬至上海,应尚能担任声乐组主任。应尚能在苏州、上海两地三校任教,虽然到处奔波,但他依然能克服困难,为自己热衷的音乐事业而奋斗。与沪江大学音乐系一样,1951年苏州国立社会教育学院艺术教育系被华东师范大学音乐系并入,应尚能在苏州的音乐教学活动也随着此次合并而结束。

　　应尚能在继续自己音乐教育工作的同时,他的声乐作品的创作也没有停滞,创作的作品包括独唱、重唱、合唱、儿童歌曲、清唱剧与钢琴曲等,其间创作的《国殇》《破阵子》《炯炯丹心》《荆轲插曲》等作品表现了应尚能的爱国主义热情。《荆轲插曲》是一部三幕的清唱剧,荆轲为了深受灾难的人民,怀着"杀尽天下奸雄,铲除天下的凶邪"的决心,全曲以"风萧萧兮易水寒,壮士一去兮不复还"慷慨悲壮的诗句结束。由此可见,应尚能对身处危难之中的国家与人民的关切。

　　3.后期阶段

　　该阶段主要指应尚能在中华人民共和国成立之后的音乐实践,时间从1949年到1973年。

1951年,在华东师范大学音乐系工作期间,应尚能担任系主任,音乐系在应尚能的影响下平稳发展,他的教学与工作得到大家的肯定与认可。"由于他对同事们在生活上处处关心,事事照顾,在工作上又爱才用才,放手信任地鼓励教师们发挥自己的专长,他尽心竭力于教育事业。又因为他为人随和,善于团结系里同仁,所以大家专心治学,合力工作,彼此相处得十分融洽。他把音乐系的工作,管理得井井有条。"①华东师范大学音乐系与北京师范大学音乐系在1956年合并成立北京艺术师范学院,一方面,应尚能前往北京艺术师范学院任教,另一方面,受上海音乐学院的邀请而担任该院的声乐教授。此时的应尚能为了祖国的教育事业,奔波于不同的院校,在北京、上海两地任教。

应尚能在该时期创作的作品形式多样,如《歌唱和平生活》《歌唱中国共产党》《夜歌》《摘下果子香又甜》《告诉亲爱的母亲》等,既有歌颂劳动英雄的,也有描写边防战士对祖国思念的。《歌唱和平生活》《歌唱中国共产党》两首歌曲是应尚能为数不多的自己作词的作品,从中我们可以看出应尚能对共产党的爱戴与拥护,人民在党的领导下"又有欢乐,又有和平,又有幸福"。

应尚能作为吸收美声唱法发展中国声乐的先驱之一,强调民族语言的重要性,为美声唱法的中国化做出重要贡献;此外,应尚能在创作方面也表现出了不凡的能力,其作品充分体现出时代特征和民族精神。他创作的作品讲究结构的严谨,层次分明,和声具有欧洲古典与浪漫气息,旋律兼具西方与东方的特点。另外,他在教学与科研方面也取得了有目共睹的成绩,特别是"以字行腔"理论在教学中的实践运用与理论升华。作为一个具备国际视野的音乐家,应尚能从留学回国以来,一直致力于国内的音乐事业,"应尚能以他毕生的精力,探索着音乐报国的发展历程;以他满腔的热忱,谱写了平凡人生的华彩乐章。为了建立中国的声乐艺术而付出的心血,正浇灌着当今百花齐放的乐坛"②。其间虽然历经艰辛,但其仍怀着乐观的态度继续前行,为中国声乐事业的开拓奠定了基础,为祖国的崛起与文化的繁荣做出自身的努力。

---

① 马革顺.应尚能音乐论著及作品选集[M].长春:吉林音像出版社,2003:1.
② 杜昀鹏.歌唱之道:以字行腔——追忆应尚能的艺术人生及其艺术探索历程[J].天津音乐学院学报(天籁),2011(4):26.

参考文献：

[1]崔腾.吊吴淞——歌曲分析及演唱提示[J].艺术科技,2018(4).

[2]赵云艳,任秀蕾.傲气之魂——应尚能声乐作品研究[J].民族艺术研究,2012(3).

[3]杜昀鹏.歌唱之道:以字行腔——追忆应尚能的艺术人生及其艺术探索历程[J].天津音乐学院学报,2011(4).

[4]晓风.略谈应尚能先生的"夜歌"[J].人民音乐,1957(5).

[5]张畴.应尚能先生创作的基本倾向[J].中国音乐,2002(4).

[6]孙洁.建国前留美归来声乐专家对中国声乐艺术发展的影响[D].河北师范大学,2017.

[7]王少为.踌躇满志歌者心 桃李满园艺术路——应尚能声乐教学研究[D].山东师范大学,2008.

[8]蓝静.应尚能"以字行腔"声乐艺术理论探究[D].湖南师范大学,2007.

[9]崔腾.应尚能的歌曲创作及其声乐演唱的理论与实践研究[D].武汉音乐学院,2016.

[10]杨晓琴.应尚能的艺术生平及其声乐理论思想探析[D].华中师范大学,2014.